伝説のＰＭ《Project Manager》が教える

私のいち押しプロジェクト

Project Management Professional

Legendary Project Manager

Akira Tominaga　Toshinari Goto　Masayuki Kaifu
Toshihiro Shoji　Shoji Tajima　Hiroko Nagaya
Toshiharu Yamaguchi　Masayuki Ishikura
Gotaro Sakai　Shoichi Morioka　Takaaki Kitabayashi
Fumio Baba　Shuichi Ikeda　Joji Katsura　Akira Ikuma
Rikie Miura　Tomoko Komatsu　Yasuji Suzuki
Hidetaka Nakajima　Koji Tsumagari　Naka Kenji

吟味し、味わい尽くしたい「プロマネ必読の書」

ＰＭＩ日本支部
会長　神庭　弘年

すでに本書をご購入された方、手にとってご覧になっておられる方に、推薦者としてのメッセージを書かせていただきます。

まず執筆陣の豪華さについてですが、〝伝説のＰＭ〟といっても、過去の伝説を語る昔話になっているわけではありません。現役バリバリの実力者がこれだけ揃って、実際のプロジェクトを語るという事はそうある機会ではありません。

プロジェクトマネジメントは実学ですので、現場で実際に適用され達成されていなければ、実証性に疑問符がついてしまいます。しかし、多数の事例を参照したからといって、そのまま役に立つわけではありません。プロジェクトの定義にあるように、期限が決まっていることと、これまでやった事のない、独自性のある事を遂行しようとするものがプロジェクトですから、基本的に同じものなどありません。似ているかも知れませんが、毎回１つとして同じではありません。ですので、他の事例がそのまま役に立つということは、本当のところほとんどありません。しかしながら、プロジェクトを少しでもうまく進めるために暗中模索し、懸命に努力と工夫を重ねておられるプロジェクト・マネジャーの皆様にとっては、現実にやり遂げられた、作り話でない事例から学びたいという要望も切実なものとして、よく承知しております。

　実際に達成されたプロジェクトの履歴から、何をどう読み取るかには少しコツがあります。帰納法的な思考というか、事実の断片の中から、共通のルール、真実を見つけ出すためには、こまごまとした現実をふるい落とし抽象化、一般化してみるという思考作業が不可欠です。例えば、ＰＭＢＯＫなどのベストプラクティスは、抽象化された水準だから汎用性をもち、適用性を獲得しているのです。『ＰＭＢＯＫガイド』にはプロジェクト遂行の実際のアクティビティについての記述はありません。だから建設分野や製品開発、ソフトウェア開発など、どんな分野にも汎用的に有効なのです。

　現実をふまえ、その課題をある枠組みの中で解釈しなおしてみることで、プロジェクト・マネジャーの能力は汎用的なものになるのです。また、プロジェクトマネジメントは実学だと申しましたが、現実に適用できない標準や手法は〝無い〟に等しいものです。ベストプラクティスといわれるような汎用性のある枠組みの上で、問題を推考しソリューションを作り出すという検討の次に、具体化し実現してゆくステップに続きます。この、どう現実の環境に適用してゆくかを演繹的な思考といいます。採用したベストプラクティスに論理的な整合性があることがこの思考の正当さを担保してくれますので、実証性のあるものを選ぶことが重要です。つまり闇雲《やみくも》なプロジェクト施策の実施ではなく、理屈の通る、説明力のある施策の遂行を通じて、プロジェクトを進めるという事が大切です。

　プロジェクトマネジメントとは、このサイクルをブレることなく繰り返すこと、といってもよいでしょう。

　本書は、多くの〝血と汗と涙〟が結晶している貴重な資料集でもあります。ＩＴからエンジニアリング・

■推薦文

建設、製品開発、業務改革、自己啓発分野まで網羅されています。

読者の皆様は、これらの貴重なトップクラスのプロジェクト・マネジャーの記述を、余すところなく吟味され、味わい尽くしていただきたいと思います。各事例の底に流れている共通項を発見すべく、少し高いところから眺めてみるという視点も忘れずにお願いします。

ご自身の直面しておられる現実と比較していただければ、当書の価値を受け取っていただけるに違いありません。私自身もプロマネの端くれでありますので、そういった味わい尽くす事の重要性を認識しています。皆様に手にとっていただき、熟読していただければと推薦いたします。

まえがき

プロジェクトの成功のために本気で心血を注いだことのあるビジネスパーソンには、誰にでも必ず、語るべきプロジェクトがある。これはという人に文章に書いてもらうことはできないだろうか？　それを本にまとめて出版したら、本人の記録になるだけでなく、プロジェクト経験者から実務者や新任ＰＭへの激励・メッセージになるし、事例集にも参考書にもなるのではないか？

きっかけは、２０１０年秋、東京一ツ橋で開催された「ＰＭＩ日本支部フォーラム２０１０」でした。出展ブースの傍らで、コーヒーを飲みながら熱く語りあう３人の姿がありました。

「最近、プロマネなんかやりたくない、って人が多くなったね」

そんな一言から、どうして若い人がプロマネをやりたがらないのか、という議論になりました。今や不人気業種の象徴である３Ｋの仲間入りをしている、というのです。展示そっちのけでさまざまな議論を進めるうちに、どうもベテランから若手へのノウハウの継承ができていないようだ、という点に絞られていきました。

プロジェクトに携わる者への標準的なガイドとして、米国のプロジェクトマネジメント協会（ＰＭＩ）から発刊されている『ＰＭＢＯＫガイド』や、日本プロジェクトマネジメント協会（ＰＭＡＪ）の『プロジェクト&プログラムマネジメント（Ｐ２Ｍ）標準ガイドブック』などがあり、その重要項目の１つに「教訓を残す」ことがあります。これはプロジェクトを推進する組織にとって、改善のＰＤＣＡサイクルを回すために非常に大切なことですが、なかなかうまくいかないという声を耳にします。ノウハウの継承という課題について、日本の産業界では過去に２００７年問題を経験済みですが、プロジェクトマネジメントの世界でうまくいっている話を聞きません。

そんな話題から、ＰＭの体験談を教訓として1冊の本にまとめよう、というのが本書に結実したわけです。当初は、多忙にしている熟練プロジェクト・マネジャーが原稿を書いてくるだろうか、実際に読んでくれる人がいるのだろうか、等々心配事は尽きません。そこで手分けして、ＰＭＩ日本支部やＰＭＡＪ、ＰＭ学会のメンバーや、プロジェクトの現場で働いている現役世代に意見を聞いてみると、みなさん熱い思いを語って背中を押してくれましたので、自信をもって本書出版のプロジェクトを進めることとなりました。

結果的に21人のプロマネから貴重な体験談が集まりました。その内容については、本書をお読みいただければわかりますが、教訓と示唆に富むものばかりです。

独自性というプロジェクトの特性から、全く同じというプロジェクトはこの世に存在しないので、この本の内容がそっくり参考になることはないかもしれません。しかしながら、ここから得られるさまざまな知見は、読者のこれからのプロジェクトにきっとお役に立つものです。それでは、熟練プロジェクト・マネジャーの競演をお楽しみください。

２０１１年４月

『伝説のＰＭが教える 私のいち押しプロジェクト』
編集委員　中嶋秀隆／鈴木安而／伊熊昭等

もくじ● 伝説のPMが教える 私のいち押しプロジェクト

推薦文―吟味し、味わい尽くしたい「プロマネ必読の書」〈神庭弘年・PMI日本支部会長〉……1

まえがき……4

情報技術（IT）

1 初ものにリスクはつきもの
運命の分かれ目となった旭南《きょくなん》プロジェクト〈冨永章・PMラボラトリー〉……10

2 破綻プロジェクトにどう対処するか
金融機関X「基幹システム構築プロジェクト」〈後藤年成・マネジメントソリューションズ〉……19

3 混乱したプロジェクトの火消し
パッケージ・ソフトウェア適用プロジェクト〈海部雅之・ITC横浜〉……27

4 自分自身に「成功」をコミットさせよ！
Yプロジェクト（新情報系システム構築）〈庄司敏浩・ITコーディネータ〉……38

5 無理難題な条件変更にどう対応するか
海外×SP事業立ち上げプロジェクト〈田島彰二・日本電気〉……46

6 プロジェクト・チームは外人部隊
日本法人IT開発プロジェクト〈永谷裕子・PMI日本支部〉……55

エンジニアリング・建設

7 サバンナを駆ける、全速力で！
東アフリカに日章旗を打ち立てる〈山口敏治・日商岩井（現・双日）〉……64
8 男のロマンを満たしてくれた私の会心のプロジェクト
大規模ＬＮＧプロジェクト〈石倉政幸・千代田化工建設〉……76
9 自己実現プロジェクトを成し遂げる「プロフェッショナル」がゴールだ！
〈坂井剛太郎・朝日興産（竹中工務店グループ）〉……89
10 問題を曖昧にしない　ニューヨーク地下鉄「次世代車両開発プロジェクト」〈森岡祥一・川崎重工業〉……99
11 経験による既成概念は要注意　Ｘ社向け海外工場建設プロジェクト〈北林孝顕・川崎重工業〉……108

製品開発

12 新技術をどうお客様に理解してもらうか
魔法の技術「冗長方式」を採用した64キロビットＤＲＡＭの開発〈馬場文雄・富士通ＶＬＳＩ〉……118
13 三遊間を埋めよ　―社長をリーダーとする改革プロジェクト〈池田修一・富士ゼロックス〉……126
14 先行メーカーのお尻を蹴飛ばせ！
世界初64ビットマイクロプロセッサ日米共同開発プロジェクト〈勝連城二・パナソニック〉……140
15 世界初のＣＤプレーヤーを開発せよ
２次元対物レンズアクチュエータの開発秘話〈伊熊昭等・日立製作所〉……154

業務改革・新サービス

16 日本に学び日本を超えろ
—ジャパン・フォーカス・プログラム〈三浦力恵・トライパワーコンサルティング〉……172

17 プロジェクトは人間力
—雑誌リニューアルプロジェクト〈小松倫子・編集者〉……187

18 上司との対立を乗り越えて
—新サービス開発プロジェクト〈鈴木安而・PMアソシエイツ〉……194

19 プロジェクトの贈り物
—MPU量産立ち上げプロジェクト〈中嶋秀隆・プラネット〉……206

番外編

20 出版プロジェクト『坂の上の雲』に学ぶ勝てるマネジメント〈津曲公二・ロゴ〉……220

21 「アラ還プログラム」世界5大陸マラソン完走プロジェクト（アフリカ編）〈中 憲治・プラネット〉……229

あとがき—われ、かく戦えり！……241

情報技術（ＩＴ）

1

初ものにリスクはつきもの

運命の分かれ目となった旭南《きょくなん》プロジェクト

冨永　章
PM ラボラトリー 代表
元・日本 IBM 株式会社 専務取締役

とても古いプロジェクトの話だ。1975年に始まったこのプロジェクトは、私の仕事における運命の分かれ目となり、レッスンに満ちたものだった。プロジェクトの提案から完成まで、会社としての責任をもつことで、以後PMに深く携わる元になった。記録や写真のほとんどはすでに捨てたし、数字等に少しは記憶違いがあるかもしれないが、そこはご容赦いただきたい。幸い1975年8月からの個人日程表だけは全部保存されている。

成否は若輩の双肩に

秋田にあった相互銀行でオンラインシステムを開発する、名もないプロジェクトだ。1974年から提案を続け、翌春立ち上がり、1977年7月4日に稼働した。20名の開発メンバーの過半数を占めたのは、プログラマー適性検査をパスして支店から集められた若い行員たちだ。

作業場所が初めは秋田市内の旭南支店2階に設けられたので、ここでは「旭南プロジェクト」とする。

少し脱線するが、この提案直前、私は山形の地銀オンラインを当時最新の「仮想記憶機」で稼働させた。仕事に自信をもち始めた頃で、当初は先輩の高田隆夫ＳＥが担当だったが、プロジェクト中盤から完了までは私が担当した。もちろん、先輩の配慮による。

写真１　夜間作業中の筆者

責任をもっと必死になる。山形から住まいの仙台に戻るには、19時25分「急行あさひ」が最終だった。乗れないときは銀行で仕事を続ける。新ＯＳや通信ソフトのデバッグに苦労している光景を、お客様が撮ったのが写真1。背景にあるプロジェクト計画は１９７３年の初秋で、時刻は22時半。長男誕生直後の時で筆者は27歳。

山形のプロジェクトは１９７４年に予定通りにカットオーバー（写真2）。後日お客様のメンバー全員が私の妻宛に寄せ書きをし「ありがとう」と書いた色紙をくれた。妻も私も大感激。それ以来、仕事への動機がより強まったのはもちろんだ。最大のステークホルダーである妻が、私の毎週の不在に対し文句ひとつ言わずに長年耐えてくれる源ともなった。

さて、勤務地の仙台から新たなお客様のある秋田までは、「急行きたかみ」で5時間半かかった。昼間動くと時間不足に陥るから夜行列車で行くようになった。月曜に会社でみっちり準備し、21時10分「十和田」で仙台発、夜中に列車を2度乗り換え、翌朝秋田着。現地で数日働き、続いて夜行で南下しつつ他の担当顧客を巡回し、金曜夜か土曜午後に家へ戻るという毎週だった。

今振り返ればとんでもない働き方だ。しかし当時はそれが当たり前だった。習慣になればそれが普通になる。がら空きの夜行列車では誰からも邪魔がはいらず、プログラムを作ったりマニュアルや書籍を読んだりと、思う存分時間が使えた。その代わり大きな革トランクをいつも携行した。中味は着替えとたくさんの書籍でひどく重いものだが、現在のようなキャスターなどはなかった。夜行列車に乗り合わせる大体の人は、週刊誌とビールがお伴。列車内で仕事をする私はワーカーホリックに見えただろう。

しかし仕事が面白くて、そんなことは気にもしなかった。この習慣のおかげで、専門スキルが随分向上したと思う。秋田に行けば必ず泊りだから、かえって夜が長く使えた。場所こそ違うが前のプロジェクトと同様に、良い雰囲気のお客様だ。

写真２　オンラインシステム稼働（1974 年山形銀行で）
最後列 CPU の隣が筆者

初ものにリスクはつきもの

当時の銀行は、国の規制で都銀から信金まで商品がほぼ同じだ。だが主力商品は違い、そこには無尽や集金の歴史を受け継ぐ定期積金（今では扱わない銀行が大半）があった。預金利子の代わりに給付補てん金がつく。カードベースでシステム化されていた主な業務はそれであり、普通預金はＮＣＲ記帳機がある以外は、店に紙の元帳を備えて手作業で処理されていた。

新たなソフトウェア構造を自ら設計したが、ここでは思い切り単純化した。プロジェクト・スコープ確定のために、行内の全関連部署に働きかけたり、行内ＰＲ誌に毎回書いたりした。

小組織で目標を達成するため、何でもＫＩＳＳ（Keep It Stupidly Simple）のルールに当てはめた。もしそうしなければ無理だらけになる。お客様の吉成實電算室長は、この最適化をじつによく理解され、私の意見を何でも聞いてくれた。また、佐藤幹夫事務部長、伊藤由雄企画部長、後任の榊虔一事務部長は、筆者と片野饗一社長を毎週のように面談させ、適宜意見交換をさせてくれた。スポンサー側のこういう対応が、一介の若手ＳＥであった私を大いに助けた。

お客様に経験がない機械やソフトを導入するため、メンバー全員にプログラミングや操作の教育が必要だった。また、手作業科目を総合オンライン化するため、業務処理の変更や、顧客管理の仕組み、アプリケーションの作り方などを十分理解してもらう必要があった。

私は自己投資と確信し、ボーナスをはたき銀行実務の大全集8巻を買った。毎度の往復時間で熟読、銀行簿記や業務の深い基礎を身につけることができたのは、後々に至るまでの大収穫であった。

当時、手作業をオンライン化するのは珍しかった。最大のリスクは、人の手で作る移行データの量が膨大なことだ。期限に間に合わせ必ず成功させるには、1回あたりの移行店舗数を絞る必要があった。ともあれ、万全の準備により、このプロジェクトは必然的に成功すると思っていた。作業場所は旭南支店2階から、完成した新センターへ移転。秋田市山王に新設されたコンピューター・センターで構築が滞りなく進んだ。しかし、初体験には思いもしないことがいろいろとあるものだ。

青天の霹靂《へきれき》

トップの強力な支援、銀行内の協力体制、徹底した標準化、吉成電算室長以下メンバーのチームワークが功を奏し、システムは順調に仕上がってきていた。地方ではあったが、海外事例も参照しいろいろな新しい工夫を施した。

ドライバー環境や大量テスト用の仮想DB、エンバイロンメントシミュレータ、トランザクション・データのジェネレータなどを作り、膨大な組み合わせのテストを効率よく行った。ボリュームテストやストレステストなどもこなし、問題が何も出なくなった。

残るヤマはデータ移行だけだ。移行プログラムのほとんどは、電算室のベテラン行員が得意のRPG（レポートプログラムジェネレータ言語）を駆使し、ほとんど1人で1年かけて作った。内容は信頼できる。

カットオーバーの3週前。パンチとベリファイがされ、店で再チェックされた移行データがリストアップされていた。しかし、点検済みのデータにしては、間違いが多過ぎるではないか？　口座番号にカナが混じっているものや、想定外の桁数のものまである。

よく調べると、それらはなんと正しいデータだった。少量だがカナ混じり番号が実際にあり、桁数が違う番号が実は正しかった。手書き元帳だから何でもできていたのだ。営業店の再鑑（別の人にもう一度お金を数えてもらうこと）は実に正確だったのだ。開発側には予想もつかなかった現実が次々に見つかり、既存ルールの変更やデータの修正を余儀なくされた。

移行に課題が予想されていたとはいえ、こうなるとは思いもよらなかった。もしデータを早く入力していれば早くわかっただろうが、それでは日々の動きの無駄な追い掛けが発生しコストがかさむ。最適な確定入力日程を移行間近に定めていたものだ。理屈はなんとでも言えるが、肝心の現場の十分な観察・把握が足りなかったのだ。ほぼ原因毎に点検プログラムを新たに作り、全口座をチェックして問題を修正していった。

疲れた2週間だった。6月26日（日）にいったん仙台へ帰宅、10日分の衣類をもち、稼働開始に備えて翌日秋田に戻った。火曜朝から点検作業を再開、残りちょうど1週間だ。

稼働前日に行うオープニング式典準備のかたわらで、新たな事態が次々に生じていた。直前に行なった元加（普通預金利盛り）に間違いがあり、普通預金利息積数がすべて百倍多い。だが、毎日の変化を追いかけるデータなので一度には直せない。

業種と適用金利間の矛盾、総合口座内定期と普通預金の名義相違などいろいろ出現。ある科目では、明細ファイルの喪失などの異常に見舞われた。矛盾は数十あり、該当口座・顧客数は大量だ。カットオーバーを延期すべきか？　困り果てたお客様は私に問うのだった。

腹をくくれば答えはあるもの

私はやや考え、「稼働できる」と答えた。異例データぐらいではダウンなどしない。不具合があれば対象取引のみ止めるという、当時先進的な仕組みだ。念を入れて作ったこのシステムは私の作品だ、勝手に延ばさないで欲しい！　そう思って腹をくくった。

これまで手作業だった業務のシステム化だから、一部の問題なら手作業で必ず凌げる。すぐ直せないデータであっても、店に事前に周知すれば大丈夫。まだ6日もあるから少しでも移行前のデータをきれいにしよう。

初回の移行対象は西支店と保土野支店だ。支店から和田伸一朗西支店長、役席、主な行員が招集された。見つけた問題の種類毎に直し方を検討するという、夜を徹する作業となった。

写真３　お客様幹部との会議（1979年秋田で）

取引先への問い合わせが必要な案件は翌日からすぐ行動が起こされた。私はサインペンをもち、白板の前に立って交通整理をしていた。

急場だから、稼働後の処置ですむものはすべて予定日だけを定め、即対応はしないこととした。急を要するものだけ検討し範囲を特定、小チームを編成して対応。6月30日深夜、皆いったん寝に帰り、最後の作業は7月1日朝から始めて連続3昼夜になった。私はその間、結局立ったままで指揮した。

まるで月ロケットの故障

対応者は全員、カットオーバー・セレモニーを欠席した。なぜなら、作業を終えたのは稼働の5時間前だったからだ。その間、一瞬窮地とも思えるような状況が何度か起きた。まるでアポロ13号だった。

最終移行ジョブが開始されるや否や筆者は眠った。センター内の休憩室で起こされたのは、本番開始の2時間後だった。不眠なのに笑顔でいた吉成室長に起こされ、成功を告げられたのだ。

ホテルに移り再び眠って起きたらもう夕方近くだった。いけない！　後回しにして残しておいた処理がたくさんあったのだった。

明日のオンラインが無事終了するまでがんばろう。それならなんとか成功だ。今どうするかで結果は雲泥の差になる。夕方からメンバーが集まり、事後処理方法を１つずつ確定させた。対応するプログラムも作った。月末までに対応すればよいものも明確となった。その間に、初の事後バッチ本番が小トラブルを経て無事に終わった。急ぐ修正対応を開始。作業は夜が明けるだいぶ前に、遂に終わった！　これで安心だ。

踏み込めば権限はついてくる

プロジェクトにトラブルはつきものだ。しかしこういう危ない状態に陥ったのは、筆者がいうのも変だが、大問題だ。

ヒヤヒヤさせない必然的な成功をしたい。これを機にプロジェクトマネジメント（ＰＭ）をもっと勉強しようと思ったのはいうまでもない。この２年半後に強い希望が叶い、米国で当時のモダンＰＭを隅々まで習い、私の人生が変わることになった。良い恩師にＰＭを学び、仕事にも人生にもゴール設定が大事なこと、高いレベルのゴールを実現するには、着実なマイルストーンの設定と達成がどう有益かを教わったからだ。ゴールの実現はプログラム、マイルストーン達成はプロジェクトに置き換えられる。

旭南プロジェクトのレッスンを挙げるなら、良かった点は主に、①お客様の立場と業務へ深く踏み込めた、②トップの支援を得てその威を借り権限が持てた、③ＫＩＳＳという明確な戦略を立てて行った、④準備段階が長く、十分練った計画の下でプロジェクトが遂行できた、⑤同様業務の経験が３回目で、なかでも事前のＰＭ経験がものをいった、などの点である。

また、主要な反省点としては、①重要リスク項目の分析が不足した、②業務の現場・現物・現実への踏み込みが足りなかった、③エンドユーザとのコミュニケーションが不足だった、などだ。もし、その時にモダンPMを知っていたならば、こういった点が随分違っただろう。

一方、私のお客様との接し方は、これを機にますます相手の立場に踏み込むようになった。写真3はこの数年後、「融資基盤の拡大」をテーマに、銀行の幹部と検討をしている姿だ。相手に踏み込めば権限は必ずついてくる。逆に責任の境界線にこだわり過ぎると、その範囲の権限しか得られない。まして、専門スキルが要ることを相手の分担にするようなことをすれば、プロジェクトの成功からは遠ざかる。

すべてのことは、取り組むプロジェクトが必ず成功するように取り決めるのが最も良い結果を生む。このことは昔も今も全く変わらない。プロジェクトを上手にマネジメントするには、相手やメンバーの立場、広い視野、高い視点から考えることがとりわけ大事だ。

〈略歴〉　冨永　章（とみなが・あきら）

1971年日本IBM㈱入社、以後種々のシステム開発に携わる。1980年米国でモダンPMとソフトウェア技術を学び日本へ導入開始。都銀三次オンライン・システム統括プロジェクトマネジャー、SI推進本部長、ソリューション統括本部長等を経て、2002年専務取締役（～2006）。1998～2004年IBM―VPアジア太平洋サービスコンピテンシー担当を兼務。2006年同社技術顧問兼東京大学特任教授。2009年全常勤を辞し、PM発展をめざすラボを開設し現職。

社会活動：1992年から産業構造審議会等の委員歴任、2001年PM学会会長、2005年経済産業大臣表彰、2006年PM学会賞。

現在の兼務：三菱総合研究所上席理事（2010～）のかたわら法政大学（2006～）、東京大学（2004～）東京工業大学（2007～）の各大学院でPMを講義。

所属団体：IEEEコンピュータ・ソサィエティ、情報処理学会、PMI、PM学会等。

主な著書『パーソナルプロジェクトマネジメント』（日経BP社）、『解説：アーンド・バリュー・マネジメント』（PM学会）。

2

破綻プロジェクトにどう対処するか

金融機関X「基幹システム構築プロジェクト」

後藤　年成
株式会社マネジメントソリューションズ
取締役

未完了課題が100件以上残る過酷な状況

金融機関Xで新しい基幹システムを構築するプロジェクトが立ち上がった。

外資系のパッケージYを利用して基幹システムを新たに構築するものだが、結合テストフェーズになっても、まだ設計が終了しておらず、設計、開発、単体テスト、結合テストが並行して走っている状況であった。かつ、マスタースケジュールやテスト計画もなく、課題管理においても未完了課題が100件以上残っていた。

その頃、私は別のプロジェクトを抱えており、そのプロジェクトが無事カットオーバを迎え、運用保守フェーズの立ち上げを推進しており、プロジェクトの状況も落ち着いてきて「ほっと一息」ついているところだった。

そんな矢先、Xプロジェクトの火消し役（受注側）に、急遽任命された。

課題山積――破綻の様相を呈す

プロジェクトの課題は3つあった。

1つめは、無計画のまま作業が実施されていたことである。何の計画もなくメンバーが日々目の前の作業に追われており、ほとんどのメンバーが深夜遅くまでの作業を強いられ、毎週何人かが肉体的・精神的に倒れて、プロジェクトから離脱していくような状況であった。まさに、「デスマーチ」そのものだった。そのため、メンバーのモラルは低下し、挨拶もろくに交わすことがなく、遅刻や無断欠勤もあたりまえの状況になってしまっていた。

2つめの課題は、クライアントとの関係が悪化していたことである。クライアントとの進捗会議はまさに針のムシロで、多くはクライアントから叱られる場となっていた。そのため、本来、議論や決定すべきことに時間が割けず、メンバーはどうしたらクライアントから叱られずに済むかばかりを気にかけるようになり、本来のプロジェクトの進捗が正しく伝わらないという状況になってしまっていた。その結果、発注元からの信頼は失墜し、典型的な失敗プロジェクトの様相を呈していた。

3つめの課題は、外資系パッケージYの開発元である海外ベンダーZ社の、品質に関する認識の相違である。日本側との品質に関する認識の隔たりが大きく、「動けばいいじゃないか」というスタンスであり、パッケージの受け入れ品質を満たすものではとてもなかった。また、品質改善を申し入れると「パッケージの仕様だから仕方がない」と回答してくるなど全く非協力的であり、日々クライアントの前で、海外パッケージベンダーと責任のなすりあいの喧嘩が始まってしまうような有様だった。

そのときのプロジェクト・マネジャーは何をしていたかというと、よくありがちな話だが、関係各所への状況説明やそのための資料作りに追われ、ほとんど現場に関わることができないような状況に陥っていたのだ。現場はコントローラーや重要な意思決定者が不在で、機能不全を起こしてしまっていたのである。

問題多発——計画もなく、ゴールも見えず

こういう3つの大きな課題を源泉として、さまざまなトラブルが発生した。

過酷な現場であったため、頻繁にメンバーが入れ替わることにより、業務の引継ぎのオーバーヘッドや引継ぎ漏れが頻発し、重要な機能に仕様ミスが多発した。

そのたびに担当者はクライアントから叱られ、それに対応していくうちに、その担当者も精神的・肉体的苦痛に耐えきれずにリタイヤしてしまうという悪循環が随所で見受けられた。また、何の計画もなく、ゴールも見えないという不安も、メンバーに精神的なダメージを与えていた。

さらに外資系ベンダーZ社に至っては、テストにおいてデグレーション（修正されたプログラムが元の状態に戻ってしまい、バグが再発すること）が発生しても「間違えたら、直せばいいんでしょ」というような態度であり、根本的な品質向上についての取り組みがなく、システム全体としての品質は低く、クライアント側が到底使える品質に達していなかった。日本側がバグだと判断する不具合（パッケージ側にとってはカスタマイズ項目）が山のように積み上がっていた。

問題解決に向けて検討したこと

私が着任して、まず最初にしなければならないと感じたことは、①プロジェクトメンバーの労働環境を改善することであった。次に、②クライアントの信頼回復とプロジェクトへのさらなる協力の要請であった。そして最後に、③パッケージベンダーとの関係を修復し、プロジェクトの成功に向けての惜しみない協力を取り付けることであった。

これらの問題の根本の原因は、各関係者がそれぞれの

殻にこもってしまい、悪くいえば自分のチーム以外は全員敵だというような雰囲気が蔓延してしまっており、必要なコミュニケーションがほとんどとられていない状況にあったといえる。そこで私は、どのようにしてコミュニケーションバリアを破り、コミュニケーションを活性化していくかを最大の課題として対処していった。

着手した問題解決の方法

①労働条件の改善

開発責任者の役員に直談判し、その役員と一緒にクライアント側にシステム稼働延期を申し入れた。状況を説明し、このまま進めてもシステム稼働が予定通りできないことを知らせたが、クライアントは稼働日の延期は絶対譲れないという回答であった（当然といえば当然である）。

そのため、次善策として、機能を必要な順に段階的にリリースできないかを検討し、この案でクライアントとの合意を何とか取り付けることができた。

次に、変更されたスケジュールにしたがって、それぞれの機能のスケジュールを綿密に引き直し、また、追加メンバーが必要なチームには惜しみなく人員を補充していった。そして、実行可能なスケジュールを立て、メンバーに説明することによって、暗闇にいるメンバーに光の道を指し示した。

人員増加は、当然、費用も追加になったが、その面ではプロジェクトの責任者には苦渋の決断をしてもらった。その際、このままメンバーを増員しなければ、より大きな赤字になること、また、引き直したスケジュールが守れなければ、クライアントからの信用はなくなり、今後の取引はしてもらえなくなる恐れがあることなどを説明して、人員追加のための費用の了承を何とかして得ることができた。

②クライアントの信頼回復

通常であれば、現場の状況の見える化や課題の棚卸しなどを徹底的に実施すると思うが、私がまず信頼回復のために実施したことは、「あたりまえにできることを、あたりまえにやるということ」であった。具体的には「嘘をつかない」「挨拶をする」「時間通りに出勤する」「会議の時間に遅れない」など、まずは低下してしまったモラルを労務環境の改善をすることによって徐々に回復させていった。特にリーダー層は進捗報告の場などでは、叱られたくないために平気で嘘の報告をするようになっており、それがクライアントの信頼を失う大きな原因となっていた。

現場のメンバーのモラルがある程度回復したのを見つつ、裏では現場の状況の〝見える化〟のための仕組みをＰＭＯのメンバーと準備していった。そして折を見て、まずは一番状態のよい1チームに、見える化の仕組みを適応していき、進捗状況や課題の見える化を実施した。

具体的には、タスクのプロセスをしっかりと定義し、チームメンバーでどの順番で、何をやり、その結果、何のアウトプットができるのかを再度共有し、進捗の基準を標準化した。その結果、チームリーダは正確にチームの進捗状況が把握できるようになり、何がどのような原因で何日遅れていて、どのような対策を採ればよいかを考えることができるようになっていった。

見える化の効果もあって、そのチームはクライアントとの進捗会議においても叱られることはなくなり、チームの雰囲気も良くなっていった。

その状況を見て、最初は管理されることを嫌がっていた他チームのリーダーたちにも、次第に進捗状況や課題の見える化の仕組みを積極的に取り込んでもらうことができたのである。また、現場の状況をクライアントに正確に伝えることができるようになるにしたがい、クライアントにも、山積していた課題の解決に向けて積極的に協力してもらえるようになってきた。

③パッケージベンダーとの関係の修復

海外のパッケージベンダーとの関係の修復については、泥臭いようであるが、まずはパッケージベンダーのプロジェクト・マネジャーやキーパーソンとの個人的な信頼関係を築いていった。それほど英語が得意ではない私であったが、その時は必死になって英語でコミュニケーションをとった。向こうからすれば、最初はブロークンイングリッシュで一生懸命に語りかけてくる〝へんな日本人〟という認識しかなかったと思うが、しつこくコミュニケーションをとっていくうちに、相手もだんだんと心を開いてくるのを感じることができた。

プロジェクトの成功とお互いのＨＡＰＰＹを一心に語る私の熱意が通じたかどうかは定かではないが、パッケージベンダーのほうも徐々にプロジェクトに対して協力的になってきたのを実感することができるようになったのである。

ＰＭの最大の仕事は、気持ちよく作業ができる環境を準備すること

本プロジェクトで得られた教訓は、「どんなすばらしい仕組みを作っても、本人がやる気にならないと、無駄」ということである。

このプロジェクトに最初に着任したときに、リーダーやメンバーに対して、「こんな立派なプロジェクト管理の仕組みを作ったから、この仕組みに則って運用をしてください」と正論を言っても「暖簾に腕押し」で、彼らは目の前の作業を実施するのに精一杯であり、突然現れた得体の知れない人の意見を聞ける状態ではとてもなかった。環境が聞くことを許さなかったというのが正しい表現かもしれない。この状況から、私のプロマネとしての信念である「チームメンバーが気持ちよく作業ができる環境を準備すること」の大切さを再確認することができた。

そういう意味において、プロマネは「人間は感情の動物」ということを肝に銘じて行動しなければならないと思う。すべてのメンバーが満足して仕事ができる環境にすることは当然難しいが、少なくとも、メンバーが暗闇の中に戸惑うことがないように、光を照らし、行先を示

すだけでも、モチベーションはかなり改善されるのではないだろうか。自分のやっていることの意味や出口がわからずに、目の前の作業をただいわれるがまま夜遅くまで黙々とこなすだけでは、仕事の喜びはないと思うのである。

現在では、システムの開発もボーダーレスの時代になっており、隣の席で開発作業をしている人が中国人やインド人ということがもはや普通の感覚となってきた。そのような環境をマネジメントすることの大切さ、言い換えれば、文化や人種が異なってもお互いを信頼してコミュニケーションをとっていく重要性を、このプロジェクトを通じて痛感することができたのである。

今回のプロジェクトでは、外資系パッケージベンダーとの間で品質に関する認識の齟齬が生じたが、お互いの文化や習慣として、また、個人としてのベースとなっている前提（価値観）が違うだけであり、プロジェクトを成功させたいという思いはまったく同じであった。つまり、目的や思いは同じであるのに、「なぜわかりあえないのか？」を考えた末に思い至った結論は、「お互いの前提としている認識・価値観を理解せずに話をしても、よけいに話がこじれてしまうだけ」ということだった。今回のプロジェクトでいえば、最初に、お互いの品質の認識を文書等で明確に合意し、このシステムに求められる品質はこうだという共通認識をもった上で話し合いができていれば、悲惨な状況にはならなかったのだろうと思うのである。

そのためにも、やはり、プロジェクト・マネジャー自らが率先して、お互いを知ろうと行動しなくては、風通しの良い環境を作り出すことは難しいのでないかと思う。これは、海外との仕事だけでなく、同僚とのコミュニケーションにも言えることだと思う。目の前に座っているのに、わざわざメールで「資料を確認してください」などと書いて送りつけるよりも、一言、直接会話をしてお願いしたほうがはるかに効率的であり、相手の状況を汲み取ることができるのではないだろうか。どんな些細な会話でも、言葉を交わした数だけ心の壁は低くなっていく

システム完成後の稼働パーティ

ものと信じている。プロマネの仕事の90％はコミュニケーションにあるといわれるが、まったくその通りだと思う。

　また、私が着任した当初は、皆が悲壮な顔つきで作業をしており殺伐とした環境であったが、労務状況が改善し、クライアントとの関係も改善し、肉体的、精神的にメンバーの負荷が正常に戻るにしたがって、メンバーの顔に笑顔が戻ってきた時の喜びはなんともいえない。

「最初は正論ばっかり言って、単なる管理者として嫌なヤツが来たなと思っていましたが、今は後藤さんが来てくれて本当に助かったと思っています」と言われた時の、メンバーからの感謝の言葉は何よりの贈り物である。自分の行動で周りがどんどん変わっていき、協力的な態度に変化していくのを見るのは、何ともいえない喜びである。

「人のために尽くし、またその人がそれに答えて結果を出す」というような好循環を感じた時、私は鳥肌が立つほどの幸せを感じるのである。

〈略歴〉　後藤年成（ごとう・としなり）

　滋賀大学経済学部卒業後、ニッセイ情報テクノロジー株式会社入社。要件定義から導入・移行まで幅広く業務経験を積んだ後、株式会社野村総合研究所にて主に金融系ホストシステムのオープン化、業務パッケージ開発、パッケージ導入やBPRプロジェクトのプロジェクト・マネジメントに従事する。

　2007年、株式会社マネジメントソリューションズに入社、金融、公共系の大規模プロジェクトでPMOリーダーとして活躍。

　2010年、取締役・CQO（Chief Quality Officer）に就任。PMP。

3

混乱したプロジェクトの火消し

パッケージ・ソフトウェア適用プロジェクト

海部　雅之
NPO法人ITC横浜 理事

読者の皆さんの中には、問題プロジェクトの立て直しのために、プロジェクトの途中段階から応援に入り苦労した経験を持つ方も大勢いらっしゃると思う。一度火がつき、混乱状態に陥ったプロジェクトを正常な状態に戻すのに定石はない。実態を的確に見極め、有効な対策を考え出し、リーダーシップを発揮して、正常な状態に引き戻すことが〝火消し〟に求められる役割である。今回は、筆者が火消しとして参加したプロジェクトについてご紹介する。

手がつけられない崩壊寸前のプロジェクト

ある日、別のプロジェクトを担当していた私に、役員（以前の上司）から電話が入った。

役員「じつはA社プロジェクトが危機的状況なんだ。先月から、立て直し役として佐藤君に入ってもらっているんだが、彼は『プロジェクトが崩壊寸前で、手の施しようがない』と言っている」

海部「何が起きているんですか?」
役員「佐藤君は『電話じゃ説明しきれない。とにかく経験豊富でリーダーシップを発揮できる応援者が欲しい』と言っている。佐藤君と一緒にプロジェクトを立て直して欲しい」

これが、このプロジェクトに、私が火消し役として駆り出された発端だった。

このプロジェクトは、A社をモデルユーザーに、汎用機ベースで開発されたパッケージ・ソフトウェアを、時代の要請に合わせて、オープン系システム用に改修して拡販しようとするもので、当社のビジネス戦略の一翼を担う重要プロジェクトであった。

このプロジェクトでは、大きく2つのフェーズに分けてプロジェクトを進める計画を立てていた。

・第1フェーズ(開発センター　東京)

パッケージ・ソフトウェアの改修作業とパッケージに閉じたシステムテストの実施。

・第2フェーズ(A社　四国)

A社設置サーバへのパッケージ・ソフトウェアの組み込みと、A社で運用中の他系システムとの接続確認テスト。

また、プロジェクト体制は、開発センターに85名、A社には現地でのテスト環境整備のための要員として5名を配置していた。

プロジェクト・マネジャーは田中君。プロジェクトマネジメントの経験はないが、汎用機時代からこのパッケージ・ソフトウェアを手掛けており、田中君以上にシステムの仕様を知り尽くしている人間はいない。田中君がプロジェクト・マネジャーとして最も適任とのことで任命されていた。『PMBOKガイド』では「特定分野の専門スキルがあっても、プロジェクトマネジメント・スキルがあるとは限らない」としているが、このプロジェクトでは、そもそもプロジェクト・マネジャーの選定基準を間違えていたことになる。

プロジェクトがスタートすると、プロジェクト・メンバーのオープン系技術不足が露呈し、A社との約束期限を守ることが厳しい状況に追い込まれた。

そこで田中君が打ち出したリカバリー策は、ＰＭＢＯＫでいう「ファスト・トラッキング」である。具体的には、開発センターではパッケージ・ソフトウェアの改修まで行い、改修が完了したプログラム（全部で約３００本）から、暫時A社サーバに組み込み、A社で運用中の他系システムとの接続テストまで仕上げてしまうという方法であった。本来は、開発センターにオープン系スキル保有者を投入（いわゆるクラッシング）して遅れのキャッチアップを図るべきであるが、「コスト増は一切認めない」という当社経営陣からの厳命に怖気づいた田中君は、勝算もないまま「ファスト・トラッキング」を選んでしまっていた。

田中君が打ち出したリカバリー策では、根本的原因は何も解決されていない。当然、A社側常駐メンバー（５名）では対応しきれず、開発センターからメンバーを大量に送り込んでいた。

これは、本来集中すべき人的資源を逆に分散させており、結果的に、開発センターでの作業、A社での現地対応作業の両方ともリソース不足に陥り、プロジェクトは身動きのとれない泥沼にはまり込んでしまった。

私が火消し役として駆り出されたのは、まさにこのタイミングだった。

プロジェクトのキャンセルもあり得る

A社に行って、プロジェクトの現場に足を踏み入れると、そこには異様な光景が広がっていた。既にA社に送り込まれていたプロジェクト・メンバー（約70名）は、いくつかの狭い部屋（本来は会議室）に詰め込まれ、部屋に入りきれないメンバーは、廊下にテーブルと折りたたみ椅子を並べて作業していた。メンバーの様子を見ると、無表情で黙々と作業を行っており、息を押し殺したような不気味な雰囲気が現場に漂っていた。

１カ月前から立て直し役としてA社に乗り込んでいた

佐藤君に状況を確認したところ、彼は以下のような問題を掲げた。

①開発センターのプログラム品質が悪い

開発センターから出荷されたプログラム全体の約8割が何らかの不具合を抱えている。しかも、不具合の修正を開発センターに依頼してもなかなか解消されない。一つの不具合が解消されても、こちらでテストを行うと別の不具合が発覚する。この繰り返しでテストが一向に進まない。

②A社経営陣から納期厳守を厳命されている

A社役員会で、7月よりA社による受け入れテスト開始、9月末にサービスインのスケジュールが承認されている。過去に2回納期変更を了承していただいた経緯から、これ以上遅れるのであれば「プロジェクトのキャンセルも辞さない」と厳命されている。ここで納期変更を承認してもらうのは極めて難しい。また、納期を延ばしてもシステムが完成するとは思えない。

③A社経営陣への説明責任者が不在

A社経営陣もプロジェクトの進行状況に不信感を抱いている。月例会とは別に、A社担当役員から日々報告を求められているが、田中君（本来のプロジェクト・マネジャー）は、プログラムの不具合原因調査に振り回され、約300本あるプログラムのうち、仕上がっているのは何本なのかすら把握できていない。したがって、担当役員から9月末サービスインの確実性に関する報告を求められても的確な報告ができず、これがA社経営陣の不信感を煽る形になってしまっている。

④メンバーの作業分担と作業スケジュールが不明

プロジェクト体制図・作業分担表・作業スケジュールなどプロジェクトマネジメントのための資料が何も最新化されておらず、誰が何をいつまでに行うのか誰もわかっていない。メンバー全員、目先の作業に追われていて、作業分担も作業スケジュールも頭の中から消え失せている。当然、プロジェクトを完了させせようとする気概も感じられない。

⑤作業スペースが確保できない

A社担当役員に、要員追加に伴う作業スペースと、ミーティングスペースの確保をお願いしているが、役員からは「場当たり的に増員されても、そう簡単にスペースは捻出できない。もっと計画的に物事を考えてくれ」と言われている。現在の状況では、作業場所を確保するのが精一杯で、ミーティングスペースの確保は無理。日々の状況確認のミーティングすら場所がなくてできない。

佐藤君いわく「7月のA社による受け入れテスト開始に間に合うかどうかでプロジェクトの運命が決まります。今日は4月の第1週だからあと3カ月しかない。来週から複数のプログラムを組み合わせたシステムテストを開始します。テスト計画書もまだ作成中だし、不具合が解消されていないプログラムもあるが可能な範囲から始めます。無茶苦茶ですが、打つ手はこれしか思いつきません。来週からのシステムテストで、このプロジェクトの実力を見極めてください」

A社入りした直後で状況がわからない私は、来週から始まるシステムテストで、プロジェクトの実態を把握するしか手がなかった。

テスト計画書もなく作業が進められない

システムテストを始めてみると、その結果は惨憺たるものだった。初日だけで発生した不具合件数は約90件。初日からの3日間で約150件。3日目終了時には、これ以上テストを継続しても無意味であることは誰の目にも明らかだった。この時に露呈した問題を列挙する。

①テスト計画書が未整備

約1カ月半の日割りスケジュールや各日ごとのタイム

テーブルが作成されておらず、さらにシステムテストで行うテストケースさえ洗い出されていなかった。

また、テスト実施方法・入力データ・実施結果確認方法・収集すべきエビデンスなどのテスト実行に必要な手順書も準備されていなかった。テスト計画書だけでも目を通しておきたいと思い、田中君に、作成中で構わないからテスト計画書を事前に見せてくれるように何度も要望したが、彼は「頭の中では完成しています。テスト開始の初日には、海部さんも含めて全員に説明します」と答えて、結局、他の作業に忙殺されてテスト計画書は作成しなかった。システムテストの初日は、田中君が関係者8名ほどを集めて要領を得ない説明をしただけであった。

②テスト実施作業が非効率

テスト計画書が整備されていないことから、テスト担当者は何をどのようにテストすべきかわからず、業務に精通している田中君に指示を仰ぎながら、場当たり的にテストを実施していた。しかも、テスト実施に関する作業分担が整理できておらず、テスト実施、結果確認、不具合原因調査、不具合箇所特定、修正担当者へ依頼までの一連の作業を1人で担当していた。難しいテストケースでは、1件消化するのに約3時間を費やし、その間、他のテストケースは、誰も対応せず放置されていた。

③不具合情報を的確に把握する仕組みがない

不具合発生に関する情報をタイムリーに共有する仕組みができていなかった。あるテストケースで不具合が発生した場合、後続のテストケース担当者は、本来中止すべきテストケースを無理に実行していた。当然、先行のテストケースで不具合が発生しているので、結果確認しても無意味なのだが、この担当者は不具合の原因がわからず、何時間も考え込んでいた。

④修正プログラムの組み込みルールなし

不具合が解消された修正済プログラムのシステムテストへの組み込み判断は担当者任せとなっていた。したがって、テスト担当者は、修正済プログラムが組み込まれたことを知らず、テスト実行可能なのにテストを行っていない。あるいは、テストを実行してみて修正済プログラムが、まだ組み込まれていないことが判明するといった事態も頻発した。

この状況を目の当たりにして、私は火消しを依頼した役員にこう報告した。

海部「プロジェクトは完全に崩壊しています。お客様の不信感は相当なものです。無理に続けても、お客様も我々も不幸になるだけです。ペナルティを払ってでも、今すぐ契約をキャンセルすべきです」

上司「そこまで逼迫しているのか（絶句）。ただ、契約キャンセルを申し入れる前に、もう1度だけトライしてくれ。それでダメなら諦める」

作業を2週間凍結して立て直しを図る

役員から懇願された私は、システムテストの即時中断と、すべての作業の2週間凍結をA社担当役員に申し入れた。たった2週間でプロジェクト立て直し策が用意できる自信はなかったが、同役員との話し合いでは、2週間の凍結が精一杯だった。

この2週間の凍結期間で、プロジェクトの立て直し策を練る上で私が最も重要だと考えたのは「プロジェクトの顔」である。私は日頃からプロジェクト・マネジャーには、専門家の顔・説明者の顔・決断者の顔の3つの顔が必要であり、さらにこの3つの顔を局面に応じて使い分ける能力も必要であると考えている。しかし、今の状況は、この3つの顔を局面に応じてではなく同時に使い分ける能力が求められていた。

そこで考え出したのが、3つの顔を3人で分担するトロイカ方式のプロジェクト・マネジャーである。

【専門家の顔　田中君】

最終成果物に対する品質責任者の役割を担当。

・発生した不具合の原因分析と修正個所の特定及び修正結果を3日間で確認する。また、修正済プログラムのパッケージ・ソフトウェアへの組み込みタイミングを決定する。

・右記の状況を考慮して、テスト再開後1週間の詳細テスト計画書を作成する。テスト再開後は、週単位で翌週分の詳細テスト計画書を前週に作成し、メンバーに周知する。

・テスト再開後は、右記2つに加えて、7月のA社受け入れテストに向けた品質面の総合評価を行う。

【説明者の顔　佐藤君】

A社役員に対する報告責任者の役割を担当。

・A社役員への報告タイミング・報告内容・報告様式・報告相手を整理しA社役員と合意する。合意した内容に基づき、必要なプロジェクト管理資料を整備する。

・作業スペースの改善・ミーティングスペースの確保に向けて、粘り強く交渉を行う。

・テスト再開後は、合意した事項に基づき、A社役員に的確に状況報告を行う。報告に際しては「ごまかさない、隠さない、当社だけで抱え込まない」の3原則を遵守し、本音正直ベースで事実を報告する。

【決断者の顔　海部】

プロジェクトで発生するすべての課題に対する、最終解決責任者の役割を担当。

・現時点でプロジェクト・メンバーが抱え込んでいる課題と悩みを抽出し、テスト再開の障壁となる課題の解決策を立案・実施し課題を解消する。

・日々の状況をメンバー全員が的確に確認できる仕組みとして、情報共有のための専用コーナーの設置と専任チームを編成する。

・テスト再開後は、右記の仕組みを活用して、日々のテスト進行状況・不具合発生状況・不具合解消状況を常時モニタリングする。

・不具合発生時には、即時に関係者と協議し修正担当者の割り当てと後続テストケース実施可否を決定する。

効果的だった情報共有の仕組みづくり

プロジェクトの立て直し策の中で最も効果のあったのが、情報共有の仕組みだった。

3日間のテスト実施状況を観察して痛感したのは、田中君以下メンバー全員の結束力のなさである。皆、自分の目先の作業に追われ、他人の作業には無関心（無視？）を決め込んでいた。しかも、各自の作業も遅々として進まず1人1人の自信も消え失せていた。メンバーが自信を取り戻し、チームとしての結束力を固めるために考え出したのが、情報共有コーナーの設置とテスト推進チームの編成である。

情報共有の仕組みとして誰しも考えるのは、ミーティングルームの確保とプロジェクト専用ウェブサイトの活用である。しかし、A社のプロジェクト現場には、当社が自由に使用できるサーバがなく、使用できる会議室もなかった。考え抜いた末に思い当たったのが、廊下の片隅に放置されていたホワイトボードを活用しての情報共有だった。具体的には次のような仕組みである。

①情報共有コーナーの設置

情報共有コーナーというと聞こえはよいが、作業スペースをやり繰りしてスペースを捻出し、ホワイトボード数枚で囲っただけのものである。ホワイトボードには日々のテスト実施状況を記入するようにし、いつ誰が見ても状況がわかるようにした。また、このコーナーには、私と田中君、佐藤君の3人が常時張り付き、問題が発生した場合は即時必要な指示を下せるようにした。『PMBOKガイド』でいえば「作戦室」である。

②チームの結束力を固めるための仕組み

日々のテスト運営にあたっては、プロジェクト・メンバー全員の意識統一の場として、朝夕2回のミーティングを開催した。当然、メンバー全員が一堂に顔を合わせる場所はないので、A社の社員食堂を借りてミーティングを開催した。朝会では当日のテスト実施スケジュールと前日までの不具合解消状況の確認。夕会では、当日のテスト実施結果と不具合発生状況および翌日のテスト実施に向けての事前準備の確認を行い、作業の段取りと担当者割り当ての認識合わせを行った。

③テスト実施状況を的確に把握するための仕組み

テストが実施されている時間帯は、新しく編成したテスト推進チーム（といっても開発センターから呼び寄せた入社2年目の若手3名）がテスト計画書をもってテスト実施者の間を歩き回って情報収集を行い、収集した情報はすべてホワイトボードに書き込むようにした。この方式の良かった点は、悪い情報が的確に収集できたことである。責任者に直接報告に来させるというのが一般的な方法であるが、この方法だと報告を受ける側も詰問調となり悪い報告は上がり難くなる。若手だと知識が乏しいのが幸いして報告を受ける側から一生懸命聞き出そうとする。そのため、相手も丁寧に説明しようとして問題点が明確になる。場合によっては、解決策まで思いつき、その場で問題が解決してしまうことすらあった。

契約キャンセルをかろうじて回避

テストを再開しても相変わらず不具合は発生したが、不具合発生による後続テストの無意味な実施は解消されテスト効率が格段に向上した。また、不具合解消に要する時間が大幅に短縮した。

再開後1カ月経過したある日、佐藤君が、担当役員をコーナーに連れて来て、ホワイトボードを見せてプロジェクトの状況を説明したことがあった。「いくら立て直しつつあると説明を受けても信用できない。現場を見せろ！」と怒られて連れて来たのだ。説明を受けた担当役員からは「早い話がモグラ叩きだ。でも何が起きているのかよくわかる。予断を許さないが、これならシステムは完成しそうだ。私が経営陣を説得するから、スケジュールを引き直してくれ」と言われ、どうにか契約キャンセルの事態は回避できた。

自信喪失のプロジェクトはまずコミュニケーションを！

このプロジェクトは、さらに3カ月スケジュールを延ばして年末にサービスインした。今回ご紹介したプロジェクトの立て直しで重要な要素を占めたのは、メンバー1人1人の自信と、チームの結束力である。情報共有コーナーとテスト推進チームを導入して1週間もするとメンバーの表情に活気が戻り、日を追ってチームの結束力が高まっていくのが目に見えてわかった。

今回ご紹介した事例は軌道を逸脱したプロジェクトである。しかも、実施したプロジェクトの立て直し策も昔ながらの古臭い方法だ。しかし、疲弊して自信を喪失しているメンバーのやる気を取り戻すには「フェース・トゥ・フェースのコミュニケーションに勝るものはない」ということを認識させられたプロジェクトであった。


〈略歴〉 **海部雅之**（かいふ・まさゆき）

神奈川大学卒業。大手コンピュータ・メーカーに勤務し、金融機関向けシステム構築プロジェクトに従事。

ITC横浜会員、PMI日本支部会員。

PMP、ITコーディネータ、ISMS審査員補、システム監査人補、知的財産管理技能士（2級）。

共著書『PMPパーフェクトマスター』（評言社）。

4

自分自身に「成功」をコミットさせせよ！

Yプロジェクト（新情報系システム構築）

庄司　敏浩
ITコーディネータ

1000億円の大規模プロジェクト

紹介するプロジェクトは、業務系システムは存在していたが情報系のシステムは有していなかった顧客に、新たに情報系システムを構築し導入するというプロジェクトである。

その顧客は膨大な取引データを整理し、経営に役立てるための情報システムの構築を目指していた。基幹業務のシステム化はほぼ終わり、経営に役立つ情報活用を行うことで、組織力を強化することが課題と認識されていた時期である。

5年以上もの期間をかけ、総額1000億円を超える大規模プロジェクトであった。私が所属していた会社にとっては新規の顧客であり、プロジェクトの規模もさることながら、自社の開発標準ではなく、顧客側の開発スタイルに合わせてプロジェクトを進めなければならない点もリスク要因と認識されていた。

ベテラン人材を集められずにスタート

本プロジェクトを開始した時期は、まだSI（システムインテグレーション）というシステム構築ビジネスが日本に導入されてそれほど経っていない頃であった。SIのノウハウが豊富に蓄積されているとは決していえない時期である。プロジェクトがスタートしようとした時、当時私が所属していた会社においていくつかの大型SI案件が失敗に終わった時期と重なっていた。このような時期に、これだけの大型SI案件を行うのは困難なのではないかと考えられていた。

要員確保は所属上司のOKが必要

プロジェクトは発足当初から、要員の確保が課題となった。当社（日本IBM）にとっては新規顧客であることから、このプロジェクトに向けて全く新しい体制を組む必要があった。プロジェクトは毎回チーム編成をしなければならない、といいながらも、既存の顧客であればこれまで担当していたメンバーをベースにチーム編成が図れる。しかし、新規顧客の案件であれば、これまでの積み重ねのない、まさにゼロの状態からチームの編成を行わなければならない。

本プロジェクトは大規模プロジェクトであるために、既存のライン組織とは別に新たに組織を作り、プロジェクト型組織の形態をとった。そのことも、要員獲得を難しくした1つの原因である。会社はラインマネジメント制をとっていたので、獲得したい要員の上司がOKを出さなければ要員を獲得してくることはできないことになっていた。重要なプロジェクトだから誰かをこのプロジェクトに出しなさいという指示があったとしても、経験豊富な優秀な部下はなかなか出さないものである。優秀な部下を出してしまっては、自分の配下の仕事が滞ることが懸念されるためである。そのため、本プロジェクトはほぼ新人に近い若いメンバー中心の構成となってしまった。

社内公募しても集まらず

経営陣には、本プロジェトは大変重要だという認識があったため、社内公募により要員を集めることが許された。これが唯一の希望であったわけだが、前述したように、当時はいくつかの大型SI案件が失敗に終わった時期であり、これだけ大型のSI案件を成功させた実績は社内にはなかった。そのため、「このプロジェクトは必ず失敗に終わる」という噂が社内で立っており、社内公募に応募してくる者はほとんどいなかった。私のように、たまたま前の仕事に飽きて、新しいことにチャレンジしたいという者はまれである。このような事情から、体制面では協力会社にかなり依存するプロジェクトになった。

じつは、プロジェクトの期間を考えると、私自身も当時は、このプロジェクトに最後までいるとは、あまり考えていなかった。プロジェクトの完了時期があまりにも先のことだったからである。

ババを引かないうちにプロジェクトから抜けたい…

新規の案件で、しかも規模の大きなプロジェクトを進めることは、決して容易なことではない。実際にプロジェクトは困難を極めたが、協力会社の頑張りもあり、何とかプロジェクトは進んでいた。

プロパー社員のリーダーシップが発揮されず

しかし、プロジェクトが佳境に入るにつれ、課題も山積し、日々残業の毎日となってきた。遅くまで仕事をすることが常態化している中で、プロジェクト全体でのモチベーション低下が目立つようになってきた。協力会社の方々の不満が募ってきたのも感じられるようになってきた。

原因は、当社のプロパー社員がリーダーシップを発揮していないことにあると思われた。仕事を請け負っている元となる会社がしっかりとしていなければ、そのような会社にはついていけないと思うのは当然のことである。失敗するプロジェクトであれば、泥舟にいつまでも乗っていたくはない。

ババを引かないうちにプロジェクトから抜けたいと思うのが人情である。このままではプロジェクトは頓挫することが危惧された。

メンバー全員が同じ目標に向かうために

この時期、私はシステム全体に関わる事項を検討するチームにいた。ある日、そのチームに新しい協力会社のメンバーが加わった。第一印象は、少しクセのある人物に見えた。

ノミニュケーション

その人物がある日、私を飲みに誘ってきた。付き合いは悪いほうではない（というよりも、むしろ良いほうである）私は、彼の誘いに応じた。飲みながら、彼は「庄司さん、このままではプロジェクトはまずいよ」と口火を切った。「プロパー社員がもっと頑張らないと、このままでは空中分解するよ」と。それは、私も感じていたことである。その晩は、遅い時間まで飲みながら熱い会話が交わされた。彼がプロジェクトに対して危機感を覚え、何とかしたいと真剣に考えている姿に心を打たれた。彼の訴えかけにほだされた面もあるが、互いに話しているうちに、お互いの気持ちが一致した感触を得た。

自分自身を成功に向けてコミットする

その瞬間、自分でも覚悟を決めることができた。プロジェクトの成功にコミットすることに。

成功させるために大切なことは、プロジェクトメンバー全員が目標達成に向けて動くことだと考えた。プロジェクトを成功させたいという気持ちが失せてしまっては、目標達成に頑張ることはできない。そう考えた私は、そのときからプロジェクト・チームが一丸となって進むことができるように、人の輪を作るために動くことにした。

1人の人間ができることは限られている。しかし、多くの人間が自らのもつ本来の力を発揮するようになれば、かなりのことができるはずである。実際に、一緒に働いている協力会社の方々には優秀なメンバーが多い。この人たちが本気になってプロジェクトの成功のためにコミットしてくれたら、プロジェクトは失敗するはずがない。そう思うようになった。

1人1人、協力者をふやして

自分を扇の要、世話役に

そこで、私が目指したことは、一言でいうと、「扇の要」になることである。多くの人たちが同じ目標に向けて動いていくためには、芯がしっかりとしていなければいけない。私がその芯になろうと。私が人々を結ぶ結節点となり、多くのメンバーの活動を支え、必要な調整や交渉を引き受ければ、プロジェクトは進むのではないかと考えたのである。

しかし、数百人もいるメンバー全員と関わり、支えることは現実的には不可能である。そこで、私は中心となって動いてくれそうな人に目をつけ、その人たちに自分の協力者になってもらうように働きかけた。

リーダー、サブリーダーと密に

私が目をつけたのは、プロジェクト内の各チームのリーダー、サブリーダークラスのメンバーである。リーダークラスのメンバーだけに絞っても、最初から全員と密にコミュニケーションがとれることは期待できない。しかも、プロジェクトの雰囲気が悪くなっている当時の状況においてはなおさらである。このような状況で相手に協力者になってもらうためには、その人とかなり密なコミュニケーションを行い、信頼感を勝ち得なければならないと考えた。

そこで、自分で目をつけた人たちに順番に、1人ずつ膝を突き合わせて徹底的に話し合い、自分の気持ちを打ち明け、一緒にプロジェクトを成功させるために動いてくれないかと頼み込んだ。このようにして1人、また1人と徐々に仲間を増やしていった。このような仲間で月に1度、定例会と称して飲み会を開いた。酒を飲んだ席上では、いつも熱い会話が交わされたが、みな前向きに議論していた。参加している人の中には、この会をとても楽しみにしてくださる方もいた。

夜の定例会にクライアントも参加

この集まりは、始めは仕事を請け負っている当社側のメンバーだけで実施していたのだが、徐々にお客様側のメンバーも加わるようになってきた。プロジェクトの輪は、確実に広がってきたのである。お互いの関係がうまくまわりだすと、コミュニケーションがよくなり、物事もうまくまわりだした。当時は、飲むのが仕事と豪語していた（もちろん、昼間の仕事もきちんと行ったが）私は、たばこを吸わないにもかかわらず、喫煙室（いわゆるたばこ部屋）にも頻繁に出入りした。情報は、こういうところに集まるものだからである。このようにまめなコミュニケーションを続けた結果、私はさまざまな情報を得ることができ、それらの情報を元に、課題を適宜調整できるようになった。

私が課題を調整するようになると、今度は課題をもつ人のほうから相談に来るケースも多くなってきた。こうしてプロジェクトは成功に向けて歯車がまわりだした。

全員が成功に向けてコミット

当時、何よりも肌で感じるようになったことは、参加者全員のプロジェクト成功に対するコミットが感じられるようになったことである。成功に向けて、全員の意思が統一されたのである。そして、プロジェクトは期日どおり、サービスを開始することができた。サービス開始当初は初期トラブルに悩まされもしたが、これだけ大きなシステムにしては、十分に合格点を出せるレベルに収められたのではないかと考えている。システムはその後、

お客様とスタッフ（IBM ポケプシー研究所にて）

安定稼働を続けることができ、会社としても継続的なビジネスにつなげることができた。

なお、初期トラブルの発生にはOS（オペレーティングシステム）の問題もあったため、今後の安定稼働につなげるためにということで、OSを開発している米国の研究開発部門とセッションをもつお客様をお連れして渡米した。このときにはシステムも安定しており、お互いの関係も良好であったため、なごやかな雰囲気で意見交換ができたとともに、米国本社から、本プロジェクトへの継続的なサポートを約束してもらうことができた。写真は、その際にニューヨーク近郊のポケプシー研究所で撮影したものである。

PMの醍醐味
——「成功の喜び」を最大限に味わう

本プロジェクトでは、これだけの大プロジェクトを成功させることができた、ということが何よりの喜びと感じている。しかも、自分がプロジェクトの成功にコミットして動いた末の結果だからなおさらである。それまでの苦労は、プロジェクトの成功で報われたし、それ以上に、滅多に経験することのできない大きな喜びを得ることができた。

前述したように、本プロジェクトを成功させることができたのは、メンバーの気持ちを成功に向けて統一できたお陰であると考えている。メンバー全員が真剣にプロジェクトを成功させたいと思えば、かなり困難なプロジェクトでもやり遂げることができるということが実感できた。そのためには、まず自分がプロジェクトの成功にコミットすることが第1であるということが、本プロジェクトを通して得たいちばんの教訓であろう。なお、このプロジェクトで一緒に働いた仲間のうちの何人かとは、所属会社がそれぞれ違うにもかかわらず、現在でも変わらぬ付き合いを続けている。お互いに、戦火をくぐり抜けてきた戦友であるかのように感じているためであろう。

本プロジェクトを成功させたことは、その後の自らのPM人生にとって大きな自信となった。その後も困難なプロジェクトをいくつも経験したが、「あのプロジェクトを成し遂げたのだから今回もできないはずはない」と、少々のことでは不安を覚えることはないようになった。そして、PMとしていくつもの成功の喜びを味わうことができた。成功体験というのは、大きいと思う。

最後に、「プロジェクト・マネジャーの醍醐味は？」と問われたら、それは成功の喜びをいちばんに感じられることだと答えたい。もちろんプロジェクトに参画したメンバー全員がプロジェクトの成功による喜びを感じるものだと思うが、最も成功にコミットしているプロジェクト・マネジャーが、最も大きな喜びを感じられるものだと思う。プロジェクト・マネジャーは苦労も多いが、喜びもひときわ大きい。苦労が大きければ大きいほど、喜びも大きくなる。より多くの人に、この喜びを味わって欲しいと思う。

〈略歴〉庄司敏浩（しょうじ・としひろ）
横浜国立大学経営学部卒業後、日本ＩＢＭ㈱に入社。数々の情報システム構築プロジェクトを経験した後、２００１年にＩＴコーディネータとして独立。企業のＩＴ利活用に関するアドバイス業務や、プロジェクトマネジメント・情報セキュリティマネジメントのコンサルティングを行っている。

5

無理難題な条件変更にどう対応するか

海外xSP事業立ち上げプロジェクト

田島　彰二
日本電気株式会社
エグゼクティブエキスパート

xSPとは、ISP（Internet Service Provider）、ASP（Application Service Provider）、CSP（Contents Service Provider）等の、複数階層のサービスプロバイダー事業を行うこと。富士通のニフティ（nifty）サービス等をイメージしていただくとわかりやすい。

事情が異なる複数の国でのプロジェクト推進

以下記述する内容は、一般的にイメージするプロジェクト（プロジェクトオーナからプロジェクトマネジメントを任されて開始、終了する）業務と比べ、プログラムマネジメント的な意味でより広範囲で、なおかつ最上流までさかのぼってビジネスコンサルを含む受注活動）までカバーする業務であることに注意していただきたい。

弊社が各国でソリューション（SL：Solution）事業をキャリアやお客様に展開していく場合、それぞれの国に弊社と業務提携できるサービスプロバイダーがあると、相乗効果のため事業展開がしやすい。それは、弊社が国内でサービスプロバイダー事業とICT（Information Communication and Technology）のSL事業を並行して行っているからである。それを戦略の基本に、海外でのxSP事業者のネットワークサービス事業立ち上げプロジェクト（用語的に正確には、プログラム：複数の国で複数の事業者対応にプロジェクトを立ち上げる）を行ったのが今回の例であり、後にプロジェクトA、プロジェクトBとして2つを紹介する。

開始は1996年、終了は2000年、足掛け5年の活動であった。

結果は、プログラムとしてはその後拡大できなかったことで失敗ともいえるが、個々のプロジェクトは基本的に成功した内容であった。プログラムの失敗原因の教訓もこの種の事業拡大の方法論として重要ではあるが、ここでは深掘りせず、成功した個々のプロジェクトについて説明する。

各地域・国で、インターネットサービスビジネスを開始したい事業者（プロスペクト）に事業概要を説明し、商法上・通信事業法上の措置を含む事業プランを立案し契約をかわす。事業用の設備を構築し、事業開始後の運用教育を施し、設備完了後引き渡す。事業開始後は、商品企画や事業拡大、顧客獲得のためにフォローを行う——これが事業活動の概要である。

これだけだといとも簡単に思えるが、それぞれの国の技術的な通信上の制約（インフラの整備状況によっては、インターネットを使えるようにするためには、その国の中に電話網ではなくデータ網をまず構築しないと繋がらない）、それぞれの国の取引・商法の扱いを確認し（料金回収のための仕組みに、クレジットカード、現金払い、回数券など何を使うか）、インターネット事業がその事業者の他のビジネスとどんな関係にあるのか、事業者によっては、ブランド戦略の立案、実施補助をする必要もある。

ビジネス拡大実現のための社会インフラ整備（できていますか？）

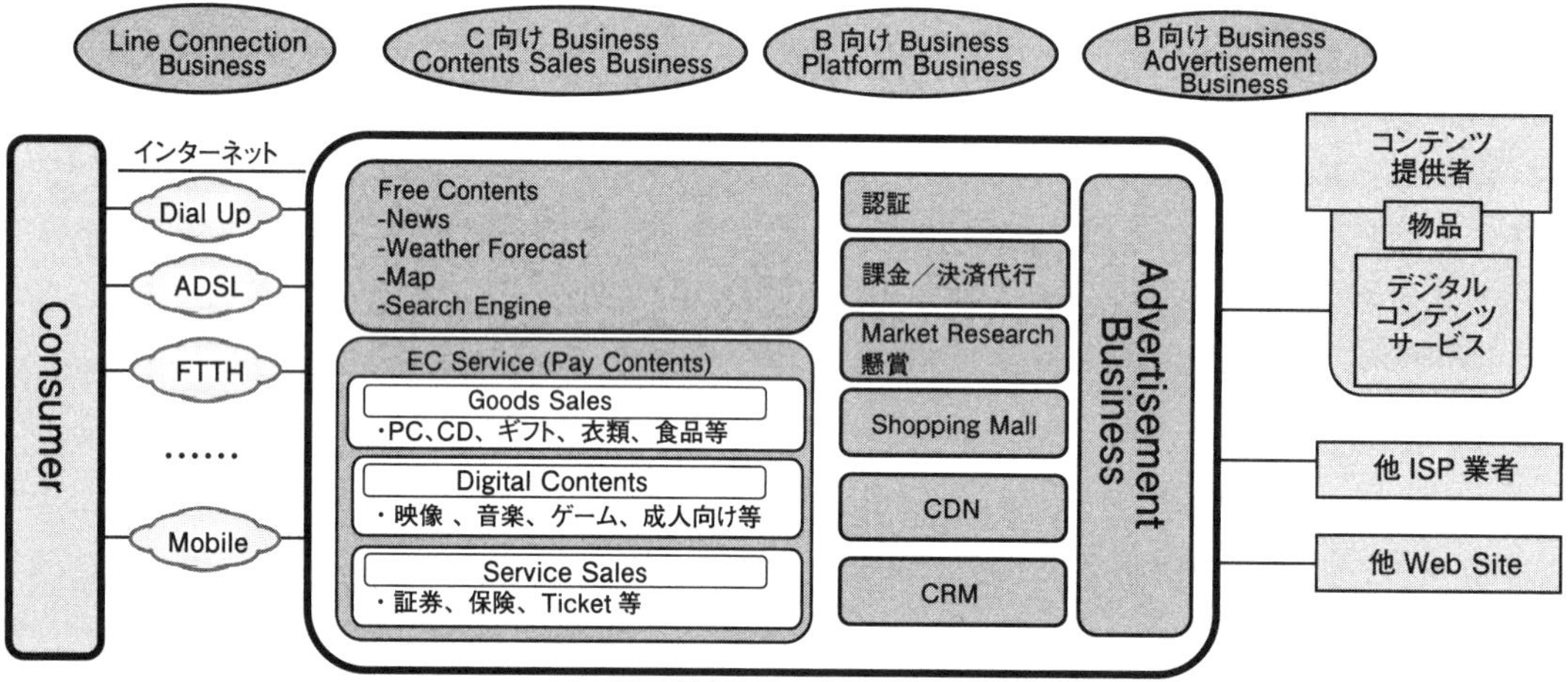

［インターネットビジネスを支える４つの社会インフラ］

Internet Business関連法の整備（著作権、EC関連法）

ネット決済の整備（CAFIS、小額決済、クレジットカード）

物流網の整備（C向け物流、クール宅急便）

ネットワーク回線の整備（Dial up、ADSL、CATV、FTTH）

プロジェクトの共通課題は

プロジェクトが完全に海外における活動なので、課題は、まず海外プロジェクトに起因することから起こる。また、事業領域がそれぞれの国では新しく、参考になる事業者がおらず、顧客にとってもこちらにとっても新規事業であった。それらの状況について、いろいろ記述したいこともあるが、今回はポイントをコミュニケーションマネジメントとステークフォルダーマネジメントに絞って記述する。それ以外の課題を大雑把にあげると、以下の5項目になる。

①海外プロジェクトのよくあることすべて（言葉、文化、人種等が異なりコミュニケーションの問題がまずある）

②通信インフラがないこと（そのためのプロジェクトだから、これから新規に作る必要がある）

③顧客組織にこの種のサービス事業の経験者が皆無であること（通信事業者にとって全く新しい事業だから）

④我々自身のプロジェクト内に、海外でこの種の事業を立ち上げたことのある者がいない

⑤顧客と弊社の関係は、この種の事業では初めて（弊社は海外では電話交換機器を販売する会社とみなされていたから）

受注後、突然の方向転換（プロジェクトA）

受注後3カ月は順調に進んでいたが、工期4分の1を過ぎたところで突然の方針変更が言い渡された（後述①②）。

この顧客の責任者は、この国の技術ベースをもった政府系高官で、新事業の技術的な意味等はある程度熟知していたが、準備段階での変更がどれほどの影響をもたらすかについてはまったくご存知なかった。

①プロジェクトの期間は1年で、作業開始の基本検討から詳細検討への移行時（開始3カ月後）に、対象

マーケットを変更する。

②それまで、受注、作業開始、それぞれの段階で、資料を提出し、相互の理解を確認しながら進めてきたが、組織の方針変更で、作業責任者まで急に変えることになったと宣言される。

このネットワークサービス事業における対象領域変更に伴い、ビジネス準備、システム準備、その他多くの準備が無駄になり、残り期間（4分の3）で回復できるのか？　微妙な状況になった。

事業スコープをどのように変更するか？

このプロジェクトAは、一連のプロジェクトの最初期のものであり、すべてのメンバーに初体験の活動だった。とはいえ、この顧客には小規模なシステムを前年に納入していて、面識がないわけではなく、弊社の営業もその時と同一のメンバーであった。

基本的にはこのトラブルは、この国独特の「上が決めたら、部下はそれにしたがう以外はない」状況で起きたことであった。つまり、スタート後、工期1／4が過ぎた時点で、プロジェクトスコープを条件なしに変更させられることになったわけである。テクニカルな説明は避けるが、対象マーケットのシステム、装置、ビジネスそのものを根本から変える方向転換であったため、こちらも抵抗した。

受注の段階からその事業スコープは明確に記述し、それに対応した装置も明確に説明・記述し、プロジェクト着手後も、議事録等は毎回確認していたため、それまで経過済みの欧米のプロジェクトでは起こりえない変更要求だったので、心底ビックリした。とはいえ、我々は、ネットワークサービス事業の対象マーケット、技術も熟知しており、その後の軌道修正も十分ノウハウとしては持ち合わせていた。そのこともふまえて、変更要求に強く対抗することもできた。ただし、そのスコープ変更を言い出された直後は、頭が真っ白になったことも事実である。なにはともあれ、当時の当方が持ち合わせていたビジネス常識の中では、いかようになろうとも、第三者を入れた裁判等になればこちらが勝てる確証があると認識して対応していたのではあるが、当時のその国では（下手をすると今でも）、公平な裁判が望むべくもないことを考えると、今になって考えるとぞっとするものもある。当時の主たる検討点は、以下であった。

・要求に対する短期的な対応・回答
・要求に沿ったスコープ変更時の方向転換の手法・期間・影響
・交渉決裂時の社内の影響
・想定リスクの反省と見直し

「対決」「対峙」「妥協」「強制」「撤退」——すべての方法を駆使

最終的に当方の採った対処は、
①スコープ変更の影響を説明
②リソースへの影響を含め今後のコスト増へのクレーム
③要求実現のためのスコープ変更後の実行アウトライン
④要求実現のため顧客組織からの謝罪と当方への依頼方法の明示
⑤仮に交渉決裂時の当方の対処案
を説明し、これ以上の譲歩はできないことを表明して、翌日の相手側の回答を依頼し、ただちにその会議場を退出した。コミュニケーションマネジメント的には、対決・対峙、妥協、強制、撤退のすべての方法を一気に出して、翌日の回答を迫った形である。

運命の翌日は、こちらの予想を超えた良い結果となった。つまり、①スコープ変更の事実を認める、②頭を下げるから是非依頼どおり変更してもらいたい、③今後は大きな変更がないようにする、④今後とも業務を継続してくれ、との回答であった。

その日、弊社の通訳を務めていたその国の方から、「交渉の中で、この国の組織の最高責任者が日本人に向かって頭を下げたのは始めて見た」と言われるほどの完勝であった。事前には、次席責任者が、方向転換・無条件なスコープ変更の事実すら認めていなかったのだったが！当方の主張を認めないとニッチもサッチもいかないこと、頭を下げれば、その後の動きを依頼どおりに進められると、妥協点も少し見せしたこともあり、最高責任者がすべて納得して、打開を図ってくれたものと思われた。

その後、プロジェクト的には山谷あったものの、最終的に、弊社としては、その国で初めての受注金額満額受領となったり、最終引き渡し式は、その国の最高な場所（日本の国会相当の場所）で行われ、私が主賓と間違われるほど歓待されたので、最高に成功だったことは事実である。

無理難題な条件にも対応（プロジェクトB）

その国の顧客と弊社の関係は、音声交換機・通信装置のベンダーとしては長い歴史があったが、事業コンサルテーションを必要とするｘＳＰ事業のような、新規の事業に関する装置を納入したことはなかった。また、そのプロジェクトを実施した理由も、その国独特のもの（最高位の権力者から人民への贈り物？）であり、弊社の対応はことごとく後手を踏み、私の見方では、マイナスの環境からスタートしたプロジェクトであった。

発注元から要求された事項を含め悪条件は以下のとおりである。

・現地語で最終プレゼンを実施せよ
・競合他社の状況を調べると、価格、評判、裏ネゴ、等弊社の評判は最悪
・最終プレゼンは最終日最後に実施しろ、リカバリーショットなしのぶっつけ本番

じつは、最終プレゼンテーション日程を知らされたのは1週間前で、さらに、この悪条件（現地語、順番最後、プレゼン時間）は、ほんの数日前に知らされた。

その後関係者に確認したところ、今回の顧客の要求（現地語でのプレゼンテーション、新参者は最後のプレゼン）はある意味従来のやり方で、特に変わったことを

求めたのではないと、今となっては理解するがその当時は認識できず、大きなプレッシャーとなっていた。プレゼンは私が直接実行することになり、初めから現地語によるプレゼンテーション対応は諦め、内容を絞って英語で日本からの機内で準備するはめになった。

基本に戻って、顧客の立場からの説明に終始

このプロジェクトはプログラムの中の3番目であったこと、私がｘＳＰ事業を運営企画する責任者であり、日々の営業と、運用の経理上の数値を毎月精査していたこともあり、それらの情報を重要度の順番に簡単に並び替えられたことが幸いして対処できたと思っている。

プレゼンテーションは、インターネットビジネスを行う事業者が行わなければいけない重要項目とした。つまり、ベンダー視点ではなく、完全にユーザ（ネットワークサービス事業者）視点で最終提案を実施した。これは、観客にとっては、ある意味ベンダー視点で提案するであろう、最終プレゼンテーションに、完全に逆行する流れでもあり、一般のベンダーには決してできないことでもあり、そのあたりを狙っての提案でもあった。

顧客にとって、ベンダーを選定する機会は、その事業運営全体からすると一度しかないが、事業継続は、長期にわたる行為である。しかし、システム構築ベンダーは、ともすると忘れがちな項目であるし、ＳＬ事業者は、構築の専門家ではあるが、運用のことを真に理解して構築しているとはいえないのが実情だ。そのあたりを前提にこの提案も行った。もっとも、ベンダーが一夜漬けでユーザの真似をすることはできないが、私自身がある意味、当時の日本有数のサービス事業企画責任者であったために、情報を収集、分析、重み付けをつけられたのも幸いした。

具体的には、ユーザが行うべき項目を以下の3点にまとめて紹介した。

①ネットワークサービス事業者が行うべき初期の業務概要

②ネットワークサービス事業者が仕入れる主要コスト要素の業界情報
③ネットワークサービス事業者の中期的サービスロードマップ

その結果、かなり厳しい競争条件の中、弊社が受注し、プロジェクトを開始し、予定どおり引き渡しまで順調に進めることができた。

経営の観点でのコミュニケーションが基本

上記A、B2つのプロジェクトの教訓は
①上位責任者は、経営の観点での交渉、コミュニケーションを基本とする。
②プロジェクトのリスク分析に、想定範囲を持ち込んではいけない。とことん考慮すべき。
③顧客も人間。コミュニケーションの基本は変わらない。調査をとことん実施すると相手も理解してくれる。顧客を尊重して、分析すれば最後は理解を勝ち取れる。

と、至極基本的なことであった。ただ、プロジェクトの成功が、その後のプログラムの成功、事業の拡大につながらなかったのも事実で、私としては、ほろ苦い思いのプログラムプロジェクトであった。

〈略歴〉田島彰二（たじま・しょうじ）
１９７８年Ｃ＆Ｃベンダーに入社。パケット交換網を使ったシステム構築テストやＣＡＰＴＡＩＮシステムの設計・構築、運用等を担当。
１９８５年、電気通信事業法施行に対応して、自社のサービス事業立ち上げ時から参画。１９９５年、ＩＳＰ事業の構築運営システム部長。１９９６年から、海外事業者向けＩＳＰ構築プロジェクトを担当し、中国、台湾、タイ、ロシア、ブラジル等のＩＳＰ構築を担当。２００２年、ｘＳＰサービス企画本部長として、インターネットのコンテンツ販売事業を中心にすえた、ブロードバンド企画会社（４社合弁）の立ち上げを支援。２００９年から現職。
ＩＴＩＬ（Ｆ）、ＰＭＩ会員、ＰＭ学会会員、ＩＰＭＡ会員、ＩＳＯ／ＰＣ２３６委員。ＩＴコーディネータ、ＰＭＰ。

6

プロジェクト・チームは外人部隊

日本法人IT開発プロジェクト

永谷　裕子
PMI日本支部
プログラムディレクター

多国籍企業（通販会社）のＩＴ開発プロジェクト

米国に本社がある多国籍企業が新設した日本法人（Ａ社）でのＩＴ開発プロジェクトである。

Ａ社は、衣料やアクセサリーグッズをカタログやネットで注文を受け、宅配便で顧客に商品を届ける通信販売業である。日本でビジネスを開始するにあたって、米国本社や海外の販売拠点で共通に使用されている「通信販売ソフトウェア・パッケージ」を日本向けにローカライズするプロジェクトを２００１年に発足させた。私はそのプロジェクトのプロジェクト・マネジャーとしてヘッドハンティングされ入社したわけである。

開発プロジェクトは、そのパッケージを日本の商習慣に合わせてカスタマイズするのが目的である。期間は１年間である。プロジェクト・チームは、海外の各拠点から集められた、エキスパートで構成された多国籍チームであった。

多種多様なステークホルダーをマネジメントしてどうまとめていくか

当時の私は特に意識していなかったが、今思えばこのプロジェクト組織は『ＰＭＢＯＫガイド』の第２章「組織構造」に記載されている「プロジェクト型組織」の典型であった。

専任のプロジェクト・マネジャー（私）の下に、各分野でのエキスパート、専門のスキルを持ったプロが有期的に参画する体制であった。国籍も文化背景も、プロジェクトに対する思いもバラバラであり、英語が共通言語ではあるが、母国語ではないメンバーもいて、まさに多種多様なメンバーによるサラダボウル状態で発足した。

米国本社からはアプリケーション担当の２人のアメリカ人、香港の支店からはネットワークとテレフォン・オペレーション・システム（電話自動応答システム）担当のエンジニア１人、データベースとＯＳ担当のイギリス人ＤＢＡ（データベース管理者）は、マレーシアで同じパッケージの導入を終えて、日本のプロジェクトに駆けつけた。さらに、外人部隊に加えて、開発が終了した後、このパッケージを管理・運営することになっている日本人のオペレーション担当者２人が外部から採用されてプロジェクトに参加した。また、使用するパッケージのベンダーであり、日本のサポート・センターに所属するインド系アメリカ人もプロジェクトに参画した。

私の役割は、この外人部隊を指揮監督し、プロジェクトの主要なステークホルダー（プロジェクト・スポンサーである日本法人管理担当役員のアメリカ人、A社に入社したばかりの経理、マーケティング、物流、コールセンターの担当のマネジャー達、パートナーのハードウェア・ベンダー、パッケージサポートのベンダー群、そして経営層が契約したビジネスコンサルタント、など）の多様な期待をマネジメントすること。そして、期限内にプロジェクトを完了しなければならない大仕事であった。

百家争鳴の外人部隊

各国からかけつけたメンバーとの顔合わせや、A社に入社したばかりの機能部門の責任者達とのインタビューと、パートナーであるベンダー担当者達との打ち合わせで、最初の2週間あまりは大忙しだった。

立ち上げの初期段階で私が感じた不安が形となってプロジェクトの課題となるのに、そう時間はかからなかった。不安を一言で表せば、メンバー全員が初めて一緒に仕事をする環境下で、多種多様なステークホルダーをどううまくまとめていくかである。立ち上げからの最初の2カ月ほどは、次から次に噴出する課題に悪戦苦闘する毎日だった。

プロジェクトのキックオフミーティングで、すでにプロジェクト計画、役割分担、会議体の持ち方、などについてさまざまな意見が噴出した。その後の週1回の進捗会議でも、外人部隊のメンバーは全員ストレートに自分の立場を主張する発言を繰り返し、人の意見を聞くより互いに相手を封じこませようとする態度が露骨に現れ、会議が紛糾することも度々だった。

仕事の役割や権限を巡って、これは自分の仕事、これは誰の仕事と細かい点で意見が対立した。

作成したメンバーの役割分担表の基本的な合意は得ても、日々の仕事で生じるグレーの部分のタスクを巡って、他のメンバーとの行き違いが起こると、私の部屋に跳び込んできては、自分の言い分をとうとうと述べた。関係者を呼んで仲介し調整をしても、納得いかないと議論が延々と続き、私の時間がいくらあっても足りない。まるで幼稚園の先生のように双方の言い分を聞いて、指示をしなければならなかった。

外人部隊と日本人のベンダーとのコミュニケーションがうまくいかず（英語であっても）、彼らの言い分は、「日本人の言い方が曖昧で、なにが問題で、どうすればいいのかが理解できない」と文句たらたらである。ベンダーとの個別の打ち合わせの度に私の同席を求めるが、時間的な制約から対応が難しく、抜本的な是正策が求められた。

日本のベンダーは、日本では新技術でのシステム開発に戸惑っており、ベンダーより米国本社から来たA社のアプリケーション担当者のほうが米国での実務経験があるから、なおさら外人部隊のイライラが募り、パートナーとしての協働関係が構築し難かった。

勤務態度や休みの取り方も千差万別で、残業や休日返上で遅れを取り戻そうとする者、勤務時間内でしか仕事をしない者、遅れの理由を合理化し言い訳する者など、チームの一体感を築くことができず、激しい言い争いに発展することも度々であった。

日本が初めてのメンバーも3人ほどいて、言葉が通じないストレスもあってか、体調を崩したり、突然休暇をとったりする者も現れた。

私は、地下鉄の乗り方、週末の小旅行の相談も受けることもしばしばで、私生活の面倒を見ることも仕事になっていた。

機能部門の新任担当マネジャーの面々は、それぞれ担当分野のプロであっても、A社の業務については不慣れであるため、部門間の業務の調整も私の肩にかかってきた。システムの要件定義の作業のために、機能部門の担当マネジャーへの聞き取り調査など彼らからのインプットが必須であったが、皆が自分の部署の立ち上げで多忙であり、プロジェクトへの参加率の低さが課題となって現れた。

結果、私のオフィスは、不満、不平の駆け込み寺と化し、外人部隊は自分の話を聞いてもらうまでそこから出ようとしないので、こちらもへとへとに疲れる日々であった。

メンバーがプロジェクトに貢献できる環境を整える

私は、最初の1カ月ほどは、ともかくメンバー1人1人の特性を知ることと、互いの期待感を擦り合わせる作業に徹することに多くの時間を費やした。

個別に話をしていくうちに、メンバー全員がプロジェクトに対しての目標達成意欲はあること、日本でプロジェクトを成功させることに大きな意義を感じていること、日本でのプロジェクトの成功は彼らの次のキャリアアップにつながること、などプロジェクトにかける期待は大きいことが確信できた。

また、彼らは海外で同システムの導入経験があり、プロジェクト遂行に必要な技術的スキルは十分に有していること、発言は多いが、一度納得したら問題解決能力も高く、チームワークの大切さも理解していること、これまで異文化圏で仕事をこなしてきた経験からくる高いコミュニケーション・スキルを有していること、などを確認できたことは、その後の私のチーム構築のための施策のベースとなった。

このチームの高い技術スキルとプロ意識が強い集団の特性を活かして、メンバーの力を引き出すには、トップダウンの権威型のリーダーシップではうまく機能しないと判断し、支援型のリーダーシップ・スタイルでプロジェクト・チームを引っ張ることが有効と思われた。

当時、私自身は、プロジェクトマネジメント・スキル、コミュニケーション・スキル、業務をこなすに必要なビジネス知識を有してはいたが、このプロジェクトに必要な技術的な知識、経験は乏しく、私のスキル不足を補う上でも、メンバー1人1人のスキルの貢献がプロジェクトの成功に必須であると判断した。そのためには、彼らのスキルや経験を十分に活かし、プロジェクトに貢献できる環境を提供することこそ私の責務であると確信し、環境構築の具体的な方法論を試行し、失敗しても、ともかく実践することに注力する決意をした。

コミュニケーションのためのさまざまな工夫

プロジェクト発足の時には、メンバーそれぞれが高い仕切りの壁に囲まれた自分のセルで仕事をしていたが、私は、後にウォールルーム（作戦室）と呼ばれることになるプロジェクト・ルームの新設を上層部に要請して、個々のキュービクル（仕切られたワーキングデスク）から脱出してオープンフロアで仕事をするようにした。メンバーの中には抵抗する者もいたが、オープンフロアの楽しさを説き、ともかくやってみることにした。同時に私もマネジャーの個室からプロジェクト・ルームへ引っ越した。

それまでのメールベースでのコミュニケーションから、メールの利点も十分考慮に入れながら、フェース・トゥ・フェースのコミュニケーションにもっていくのもウォールームの目的であった。

イギリス人のショーンが、毎日午後一人で優雅に嗜んでいたティータイムを、メンバー全員でもつことを提案した。毎日とはいかなくても、午後のひと時、それぞれが好きなものを飲みながら、ウォールーム真ん中の会議用テーブルを囲んで仕事以外の話をした。そのうちに、ティータイムにはベンダーや機能部門のマネジャーも気軽に立ち寄り、スナックの差し入れをもってきてくれた。

外人部隊は日本人と違って、終業後仲間で飲みにいくことはほとんどなかったので、このティータイムが貴重な親睦の場となり、徐々に和んでいくのが実感できた。

ウォールームの壁にはこのプロジェクトの目的をイラスト入りで描いた紙を掲げ、その横には、これもイラスト入りのマイルストーンを書いたスケジュール表を全員が見える場所に貼った。

それぞれが自分の言葉で描いた、このプロジェクトにかける思いを俳句風（日本人の仲間が教えた）に短冊に書き、観葉植物にぶら下げた。

時々、定例の進捗会議の前に短冊に書かれた自分の思いを読み上げてもらい、皆でコメントを言いあったりジョークを言ったりで、和やかな気持ちで定例会を始めることができた。

対応しなければいけない大きな課題が生じたときは、香港人のマイクが以前よくやっていたというファシリテーション（メンバー全員参加による問題解決）を行い、皆で知恵出しを行った。何度かファシリテーションを重ねるうちに、チーム全体での問題解決方式が自然にできあがっていった。

私は、上司である管理担当役員と定期的に課題と対応策についてのプロジェクト報告会をもった。合意した是正案（例えば、パッケージソフトのベンダーへ体制強化の要請、親睦のためのバーベキューパーティへの資金援助、日本人のベンダーとの打ち合わせを円滑にするための通訳の手配）を次々に実行し、効果をモニターした。

プロジェクトの最高意思決定機関であるステアリング会議（社長を含め上層部参加のプロジェクト運営委員会）には、その時々の課題の解決に必要なマネジャーの出席を義務づけるよう要請し、できるだけ速やかな解決を目指した。

チームワークに欠かせない相互信頼と人間理解

私は（本来ならプロジェクト・マネジャーの役目ではないかもしれない）メンバーの個人的な相談事などに乗ることで、メンバーからの信頼を得ることができたのは大きな収穫だった。

メンバーから感謝されたことは、私の励みにもなった。例えば、このプロジェクトの期間中に、イギリス人のショーンは、日本人のガールフレンドを見つけ結婚することになり、私はイギリス大使館や移民局に立会人として同行した。ショーンはプロジェクト終了後も日本に残り、彼の結婚式には、すでに帰国していたメンバーが香港やアメリカから駆けつけ、プロジェクトの思い出話に花が咲いたのは今でも心に残っている。

長年一緒に仕事をしているメンバー同士や、お互い気心が知れたメンバーで構成されたプロジェクト・チームでは、暗黙の了解のもとでプロジェクトが進行されることがある。これには良い面もあるが、誤解や行き違いなどが水面下で生じて、結果的にプロジェクトに支障をきたすこともある。逆に、このプロジェクトのように、最初からメンバー間のコミュニケーションを最大のリスクととらえ、リスクに対応すべき対策を講じることで、メンバー間のコミュニケーションをスムーズに運ぶことができることがある。

早い時点でプロジェクトのリスクを識別し、チームで情報を共有し、ともに解決していくことが、プロジェクトの成功には欠かせないプロセスである。

私はこのプロジェクト以後も、メンバー全員が初顔合わせというプロジェクトや、地理的に分散しているバーチャルなプロジェクトを経験したが、その度に、メンバー間での正確でタイムリー、そして有意義な情報の共有が必要であることや、円滑な情報共有を促進するツールとルール作りが重要であることを痛感した。

同時に、どれだけ素晴らしいツールやルールがあっても、それを利用するメンバーが相互援助の精神で自主的、自律的に行動してくれなければ、ツールやルールは形骸化していくことも実感した。

チームワークに欠かせないのは、相互信頼であり、人間理解である。それこそが文化、環境が異なっても変わることのない、プロジェクトを支える根本的な力であると確信している。

〈略歴〉 永谷裕子（ながや・ひろこ）

海外と日本の多国籍企業でさまざまなIT開発プロジェクトにプロジェクト・マネジャーとして従事。

北海道大学大学院非常勤講師、慶應義塾大学大学院非常勤講師、東京地方裁判所（IT専門）専門調停委員、日本情報システム・ユーザー協会公認システムコンサルタント、産業カウンセラー、MBA（オハイオ州立大学）、PMP。

エンジニアリング・建設

7

サバンナを駆ける、全速力で！
東アフリカに日章旗を打ち立てる

山口　敏治
グレイヘア・コンサルタント・グループ代表

―1968年、日商（現・双日）東アフリカ駐在員として―

大統領に打電

１９６７年のある朝、私は東アフリカ・ウガンダの都市カンパラにいた。タンザニア肥料プロジェクトで、日本がドイツに敗れたとの新聞記事を読み、怒り心頭、直ちにタンザニア大統領に打電した。

「わが敬愛する大統領閣下、
閣下に対して直接のお手紙を差し上げることは、誠に光栄に存じますと共に、ご無礼をお許しください。
〜中略〜
貴国はドイツ企業に対し40億円の肥料工場を発注することになったと新聞で報道されています。しかしながら、我が国は貴国開発公社と共同で、フィジビリティ・スタディを行い、貴国の現状を充分に把握した上で、極めて現実的で、コストが低く、しかも、貴国に存在する資源を有効に活用しての計画を提出して参りました。日本からの調査団の派遣による貴国での調査は延べ3回に及び、私はそのためにマラリアに感染しましたが、病苦を押しての調査でありました。また、日本政府も、貴国農業の発展という目的のため、本プロジェクトの重要性を認識して円借款の提供も具体化して参りました。

しかるに、日本側の上記のような努力にもかかわらず、貴国政府が事前にご相談なくして他国との契約を結ばれることが事実とするならば、当方としましては誠に遺憾に存ずる次第であります。万一、このようなことになりました場合には、日本政府、関係公社、民間企業の如何を問わず、今後貴国への積極的な技術を含む協力に対して消極的にならざるをえないのではないかと心から危惧する次第でございます。

〜中略〜

日商株式会社、東アフリカ駐在員、山口敏治」

完全にドイツにやられてしまった。在タンザニア吉田日本大使からも、私の電報に対して、その通りと励ましがあったが、弱腰の外務省本省からは、一商社の駐在員の分際で生意気だ、日本政府の技術、経済協力ができないというのは越権行為だとして、日商本社はきつく叱られたらしいが、さすがは、日商（旧鈴木商店の末裔）、やんわりと外務省の憤りを伝えながらの励ましがあった。

私は「このやろう、外務省の木っ端役人ども、いずれ、見返してやろう！」との意気込みで、目下活動中のウガンダテレビ放送網のプロジェクトに集中したのである。

ウガンダテレビ放送網プロジェクト

すこし、時を溯って話していこう。

まず、私の赴任した1965年の最初の仕事が、東アフリカ通信使節団のアテンドだった。その時に収集した情報とコネをもとに、深掘りを進めつつあった。

まずは、現場の実状を探ろうと、ウガンダ放送局を何回か訪問した。現場は旧宗主国英国の中のケルト系（非アングロサクソン）の技師が押さえていた。何回か通ううちに、今晩パブで酒を飲もうという話になった。

三々五々技師達が集まってきた。始めはわいわいがやがややっていたが、急に自国の上司の悪口を言い出した。

「あいつら政府アドバイザーのアングロサクソンは、机に座っていて、現場に出てこない。本国のことばかり気にしている。本国英国からの出張者の世話ばかりして、本国の連中と観光旅行をする。それで、机上の空論ばかりを押し付けてくる。そんなもの現場では通用しない。困ったものだ。そんなの無視して仕事しているんだ…」

というような、日本のどこの会社にもあるような話だ。それを外国人、しかも20年前の敵国日本人である私の前での悪口だ。それほど気を許す仲になっていた。彼らも、今の政府アドバイザーの影響下では、ウガンダのＴＶはだめになるというような認識だった。

雨季になると映像が悪くなる

ウガンダＴＶネットワークのコンサルタントはアメリカの企業だ。ＴＶ放送はモノカラー（白黒）なので、そのリコメンデーションは、ウガンダ全土をカバーするのに、一般に使われていたマイクロウェーブのネットワークでなく、再放送方式（リブロードキャースティング）を使う方が安上がりということであった。

つまり、ＴＶ電波の中継方式は、当時日本などでやっているＳＨＦ（極々超短波＝４０００メガヘルツ～６０００メガヘルツ）のマイクロウェーブによるリピータ（中継）方式でなく、通常のテレビ送信タワーのアンテナより放送されたものを、中継点で受けて、違う周波数（チャンネル）に変え、さらに出力を増幅させて全方向に再発信する、いわゆる再放送方式である。発信電波帯はＶＨＦ（超短波）の１００メガヘルツより少し上の周波数である。親局は実質上の首都カンパラ、再放送局はカンパラより白ナイルの源を通り抜けた綿花の集散地ムバーレで、カンパラよりの直線距離は約250キロメートルだ。

地球の湾曲を考えても電波はそこまで届くであろうと考え、親局の出力は5キロワットに抑えた。

設備の引き渡しが完了して操業に入った。ところが、雨季になると映像が悪くなるという苦情が殺到した。米国のコンサルタントが請け負い、BBCから来た専門家が認定した設備に問題があるのだ。これにはウガンダ政府も困惑していた。さらに、他の商社が作ったTV工場の製品が売れなくなるというおまけまでついたのである。

原因は極めて単純　豪雨だ！

たしかに、理論的には山のような大きな障害物がない場合、何キロワットの出力で周波数は何メガヘルツ、アンテナの高さ何メートルで、何キロメートル離れたところで受信ができるかの計算は可能であり、米国のコンサルタントは、気候の良い乾季に調査を行なっていた。したがって、普通の条件（環境）の下ではカタログ性能は発揮されるが、条件が悪くなった時、例えば、豪雨でそれにより電波の減衰が激しい場合は、電波は理論値ではじいた中継点までは届かない、届いたとしても、少量のパワーだから増幅できないか、雑音が入りすぎてノイズを消すことはできない、という重大問題が生じたのである。

ウガンダ情報大臣に直接提案

私はこの情報をもとにウガンダの企画省を訪れた。企画省の連中とは、ときどき情報交換をするためにパブで酒を酌み交わす仲になっていた。彼らはヨーロッパの各国から経済協力として企画省に派遣された経済専門家だ。

その中に、ソ連とは一線を画す東欧圏ユーゴスラビアの経済学者がいた。その人の家に招待を受けるほどの仲になった。ある夜、ところで…と私は切り出した。

「ウガンダTVの情況は最悪だ。私がいくら情報省の大臣にいっても、すぐ英国BBCのアドバイザーが出てきて、大臣それはだめだと私の前で大臣を説教する。大臣は私と2人きりで会いたいのだがと嘆いているが、何とかいい方法はないものか？」

先方は、「自分に任せてくれ、英国のアドバイザーなしで大臣にお前を会わせるから」と。翌日、私は、ユーゴスラビアの専門家立ち会いで情報大臣と会談した。大臣に対して私は率直に、

「ウガンダ放送局の現場で働く英国人も、今の方式はだめだという。私に何とか改善できないかという。したがって、この問題の打開には日本の専門家調査団を受け入れたらよいと思うのだが、英国人の反対が出てきて困っている」との今までの経緯と私の見解を話した。

そばで聞いていたユーゴの専門家は、「大臣、私に任せてください。企画省で手続きを進めますから」といった。

ウガンダ情報大臣（左端）と筆者（右端）

私は提案した。

「大臣、企画省からナイロビの日本大使に手紙を出すようにしたらどうですか。ウガンダTVネットワークの問題で、専門家派遣が可能だとヤマグチという日本人から聞いたが、日本から専門家派遣をお願いする、というような内容でどうでしょうか」

そこで、日本大使への手紙は企画省が出すことになった。これで何とか活路が開けた、と思いつつ、

「大臣、私はウガンダのために全力を尽くします。大臣の熱意を日本の郵政大臣に伝えます。ぜひ一度日本に来てください。私がお供します」というようなことを口走った。

それで大臣はすっかり感激して、

「それなら日本の郵政大臣にエランド（大鹿）の剥製を贈りたい。おまえに預けるから、おまえのところから送ってくれ」といって、執務室にあった首から上を剥製にした大鹿をはずして私に渡してくれた。

私はそれを受け取り、担いでナイロビまで帰り、即日航空便で日本へ出荷した。さらに、テレックスを東京機械輸出部（コピーは日商トップへ）に送り、事情を話して、剥製が到着次第すぐに郵政大臣に直接届けるようにとのメッセージをつけた。さらに、占部大使を訪問、経緯を説明し協力を要請した。占部大使も大変に喜ばれ、ウガンダ政府から手紙が着き次第、本省に転送するとの確約を得た。

ウガンダ政府からの手紙に、「ヤマグチ」という私の名前が書かれているということで、窓口商社は日商がメイン、三井物産がサブとなり、東芝・日本電気連合が形成された。

早速、郵政省、NHKなどからなる、ウガンダTV調査団が派遣されたのである。

一方、調査団の派遣を聞いたケルト系の現場の技師連中は、これでアングロサクソンの鼻をあかせるとして、調査団に対して全面的に協力すると約束してくれた。まさに、ウガンダがブリテン島中世の昔に帰ったような光景だった。

このようにして、ウガンダTV調査団が来訪した。

今度は、競争他国に介入のチャンスを与えない万全の対策と背水の陣だ。始めから、技術援助と円借款との2本建で日本政府が絡んでいる。そして、英国も米国も、ウガンダTV問題ではケチをつけている。とすれば、英国ハイコミッショナー(大使)も手を出す事はできなかった。あとの問題は、①テレビ電波をウガンダ中に送る最適な方法、②コスト面、③性能面である。これは、アフリカにおける英国勢力後退の幕開けだった。

さて、調査団のサイト・サーベイや現場との打ち合わせは、ケルト系の英国人技師達の熱狂的な支持により、日本側に有利に展開し無事終了した。そこで、日本側からのリコメンデーションが提出された。

ソリューションの提案、そして成約!

調査団の報告は次のようなものである。

「ウンガンダの経済情勢、人口分布、雨季瞬間最大降雨量等より見て、完全なマイクロウェーブ方式SHF(極超短波)でなく、少し低い周波数帯のUHF(極々超短波)のリピータ方式と、従来の再放送方式の組み合わせによる経済的TVネットワーク建設を行うべきである」

それにもとづき概略予算が提示された。即ち、約20億円の投資が必要となり、それを日本政府の円借款で行おうというものであった。ただし、設備提供だけでは不完全で、トレーニングを含めた技術供与と運用支援を日本側が行うことで基本的な合意がなされた。技術援助は日本のNTV(日本テレビ)が行なうことになった。

思えば、ここまで来るのにナイロビ赴任以来3年かかった。ウガンダは日本側が攻め落とした。3年はあっという間に過ぎた。たしかに、かつて7つの海に翻っていたユニオン・ジャック(英国国旗)の代わりに、日章旗が日の出の勢いで昇りつつあった。その数年後、英国の牙城・ケニアの本丸では、モンバサ~カンパラ間の石油パイプライン施設プロジェクトを同期加藤庄六と菅原辰也の働きで日商が受注。また、タンザニアに関してはは、私の大統領に対する電報のおかげで日商の知名度が抜群に上がった。いったんはドイツに油揚げをさらわれたが、その後、前述ドイツは肥料プロジェクト運営に失敗して企画大臣は首になったため（やはり私のいうことが正しかったと）、日商は主導権をとるに至ったのである。

「山口しかいない」

3年前、日商の幹部連中が集まって独立まもない新興アフリカ諸国の市場をどう攻めるかの話い合いをしていた。エースをつぎ込もうとの議論だ。参加者は異口同音に「山口しかいない」と言う。なぜなら、あいつは人の歩いた道は歩かない、人のやらないことをやってきた。アフリカは道がない、道をつけるには、山口が最適だというのだ。上司課長の鬼軍曹が会議に呼ばれた。鬼軍曹はその話を聞いて即座に答えた。

「山口はヨーロッパに出すことになっている。アフリカなんかに出すのはもったいない！」

そこで話はおじゃんになった。まさに、鬼軍曹の「鬼の目にも、涙」だ。

鬼軍曹は「山口君、会議で君をナイロビに出せというが、俺は君をヨーロッパに出すと決めていると、断ってきてやったぞ」と嬉しそうに帰ってきた。私はすかさず答えた。

「課長、なんで僕がアフリカではだめなんですか？　アフリカ、面白い、行かせてもらいましょう！」

まさに、会議の結論「山口しかいない」は図星だったわけだ。

かくて、鬼の涙の乾かぬうちに、アフリカ志願の私は、2週間でナイロビに赴任したのであった。

しかしながら、英国の牙城を落とした後に何が残るのか？　成就したことによる空しさが頭をよぎった。

＊＊＊

俺は、夕方、しばしば、ナイロビ・モンバサ道路を南に車を走らせた。ここはすでにナイロビ郊外の自然公園、シマウマ、キリン、ヌー、そしてライオンが生息する、果てしなき地平線の彼方まで続くサバンナだ。右前方は、地平線の上にかすかに見えるキリマンジェロ！

自然が育てたこの雄大な大地、それに比べ日本はなんと小さいのだ。その小さな島に1億人以上が生息する。今俺が住むアフリカははるかに大きい。何で日本はせこせこしているのだ。日本からの返事が遅いといって、日本本社を叱り飛ばし続けてきたが、それは意味があったのか？　この悠久なる大地アフリカにとって、俺のような小さい1人の人間、日本のような小さな国は、意味があるのか？　商社同士で相争って、勝った、負けたと騒いでみても、このアフリカにとってそれは何なのか？　これを反芻して、本社からの返事が遅いというイライラを吹っ飛ばすのであった。

だが、俺はもうそろそろ日本帰国を命令されるであろう。しかし狭い日本に帰って競争にしのぎを削ることの煩わしさを考えると、まだまだこの果てしなき草原に暮らしていたい。しかし、日本に残してきた家族には早く会いたい。

そのような感傷に浸る日々が帰国まで続いた。

アディオス、サバナ　ミーア！

サバンナよ、さようなら、アフリカ、クワヘリ！


〈略歴〉　山口敏治（やまぐち・としはる）

1931年、広島市生まれ。

1954年、広島大学政経学部（現経済学部）卒業。同年、日商株式会社（現・双日）入社。

1968年、東京エレクトロン入社、常務取締役。

1977年、インテル日本入社、副社長。

1986年、ダイヤセミコンシステムズ設立、代表取締役社長（1999年、同社会長退任）。

現在、IT企業の経営相談のほか、数社の役員を兼任。

著書『現代の貿易実務』（中央経済社）、共著書『セールスリーダーの戦略的営業術』（中央経済社）などがある。

アメリカ人は働かない！本当にそうか？

山口 敏治

1990年秋、JETRO（現JETROアジア研究所）の要請で、米国を行脚し各地で対日輸出促進のための講演をすることになった。

まず、インディアナポリスで、日米協会主宰の夕食会に招待されてスピーチをすることになった。スピーチが終わって、質問の時間に入った。

ある自動車会社の駐在員から、「米国人は働かないので困っている」との米国批判が飛び出した。そこで私は、その批判に応えて話を始めた。

「アメリカ人が働かないから、あなたがここにいて仕事ができるのでしょう。それならその働かないアメリカ人に感謝すべきでしょう！」（拍手大喝采！）

話を続けた。

「日本においても、アメリカ人からは、日本は障壁が多い。日本人は偏見が多い、日本は難しい、と日本の政府や習慣に対する批判が多く、自分が日本で成功しないのは自分のせいでなく、日本のせいだという人が多いのです。失敗した人は、一般に、自分の責任でなく環境のせいに転化してしまい、自分を正当化する傾向があります。ところが、日本で成功している米国の企業、たとえば、IBM、コカ・コーラ、マクドナルド、マックスファクターなどの会社は、その成功法をあまり語りません。日本に溶け込み、日本の会社と同じように活動しているのです。そのような声はあまり米国に届いていないのです。失敗したケースだけが、大きな声、つまり日本批判として出ているのです。

それと同様に、日本の企業でも米国で成功している企業はたくさんあります。たとえば、ソニー、ホンダです。このような企業でも、あなた方が感じているように、はたしてアメリカ人は働かない、だから大変だと思っているのでしょうか？　逆に、これがチャンスだと考えている企業もたくさんあります。また、本当にアメリカ人は働かないのでしょうか？　私の知っている、シリコンバレーの企業家や社員は、それこそ、朝早くから夜遅くまで働いています。だから、現地での問題点のすべてが自分にとってビジネスチャンスであると考えて、前向きに解決策を考え実行することこそ、成功への道であると思います」

以上の話を終えると、またまた拍手が止まなかった。

そして、1人のアメリカ人が立ち上がって話し出した。「あなたの言ったとおりだ。自分も日本にいて成功した。しかし、成功した原因はあまり考えていなかった、だから、自分としては日本で成功した話をしなかった。あなたのいわれる日本でのビジネスの方法について、きわめて同感に思う」と。

その批判していた日本の自動車会社は、今インドの現地工場で大成功、あの当時の私の発言が役に立ったとはいえないが、ご同慶の至りである。

次にニューハンプシャーを訪れた。週末なので、米国側は日露戦争の講和条約が開かれた海軍基地、ポーツマスに案内してくれた。この海軍基地の大部分を占める飛行場が不要となり、これをどう活用するかが問題になっているとのこと。さっそく私は、この空軍基地を、陸海空の物流ハブ基地と、ＥＵへの輸出に際して輸入通関として利用する、ＥＵとの距離もポーツマスは最短であると提案した。

先方は、素晴らしい提案であるからすぐ検討しようとのことだった。１９９０年当時は、このようなハブ基地が世界各国でようやく検討に入った段階であったので、かなり前衛的な提案だった。日本はこの点でも韓国、釜山に後れをとったが、私はすでに次代を見越して提案をしたのである。

さて、１９０５年、ポーツマスでは、日露戦争の終結を目指して、米国セオドール・ルーズベルトの仲介による講和会議が開かれていた。ロシア側は前宰相ウィッテ、日本は小村寿太郎、特命全権大使である。

結果的に、日本は中国の大連、旅順を含む関東州と、南満州鉄道、南樺太、千島列島を確保、ロシア帝国の侵略から日本、朝鮮半島を守った。それにもかかわらず、大衆は小村寿太郎を国賊呼ばわりし小村邸に投石したりした。東京に到着する小村寿太郎に対して暗殺の恐れが出てきたので、伊藤博文、山縣有朋、山本権兵衛などの重臣が、銃弾からの盾になって小村寿太郎を守った。

その小村寿太郎が会議のために執務していたのが、図書館であり（写真上）、彼が使っていた机と椅子だ（写真下）。同行の大手新聞編集委員は椅子に座ったが、私は到底座ることができなかった。日本をロシアの侵略から守った大恩人の椅子である。私はその椅子に向かって最敬礼をした。日本が国際舞台に出ることができた、その歴史の瞬間、大恩人の事を考えながら週末を過ごしたのである。

ポーツマスの図書館の前で（中央が筆者）

小村寿太郎が執務した机の前で最敬礼する筆者

8

男のロマンを満たしてくれた私の会心のプロジェクト

大規模LNGプロジェクト

石倉　政幸
技術士（経営工学）
プロジェクトマネジメント・コンサルタント

『プロジェクト・オブ・ザ・イヤー賞』に至る

もう30年近くもの前になるが、私が初めてプロジェクト・マネジャー（ＰＭ）を勤めたプロジェクトである。インドネシア・スマトラ島北端アチェ州での「アルンＬＮＧプラント建設プロジェクト」で、受注金額が１千億円を超える当時でも超大型のプロジェクトであった。今でも思い出すのは、ＰＭ兼、建設現場所長としてピーク時には５４００人にもわたる建設工事スタッフ、技能労務者、下請け業者を統括指揮し、アチェ州のジャングルでの33カ月間の任務で、巨大なプラントを無事に完工させて帰国の途に着いた時の、涙がよぎった充実感・満足感・達成感である。

私が千代田化工建設（以下「千代田」）に入社したのは、東京オリンピック前の昭和37年（１９６２年）で、会社案内に載っていた写真を見て、海外の大規模なプラント建設にかかわることができたら、さぞ面白いだろうという漠然とした思いから、地方の福井大学機械工学科を卒業後、誰のつてもなくノコノコと東京に出てきたのであった。

入社して20年近くは、一機械系技師として いろいろなプロジェクトに従事していた。

このアルンLNGプロジェクトを1981年に受注するまでに、私は、千代田のセールスエンジニアとして、1年9カ月もの間、ジャカルタで、国営石油公社であるプルタミナのプロジェクトチームに日参して張り付いて、プロジェクト情報の収集、客先のプロジェクトの技術的な課題、問題点の聴取、調査、その結果の提案など、受注活動に多大な労力と時間をかけてきた。幸いその努力が実って、この大プロジェクトを受注でき、最終的に、私がそのプロジェクトのPMを務めることになった。ちょうど42歳の時で入社後20年が経過していた。

どのプロジェクトでもそうであるが、このプロジェクト遂行中にも、さまざまな問題や事態に遭遇した。例えば、アチェ州でのイスラム教徒の民族宗教紛争で、工事現場周囲の町や集落での焼き討ち事件による騒乱、現地通貨の大幅変動、交通事故による千代田社員の死亡、労務者のストライキなどなど、毎日がいわば戦争状態であった。

当プロジェクトは、品質・納期ともに契約条件以上の成果をおさめ、コストも予算もかなり下回って完工することができ、顧客や社内関係者の大きな満足を得ることができた。そして、日本の電力・ガス会社に、クリーンエネルギーを供給し、発電、都市ガスを供給するという大きな使命を負ったプログラムの中心的なプロジェクトで、他の関連プロジェクトとの調和の元に遂行・完成された事によって、インドネシアの社会的、経済的基盤の発展にも大きく寄与することができた。

そして、結果として私が所属した千代田の企業理念でもある「エンジニアリングとプロジェクトマネジメントを通じて広く社会に貢献」する事ができた。

ましてや、さまざまな技術的な改良点の解決提案が設計に盛り込まれ、それが現実のプラントして立ち上がり、稼働する姿を目の前にすると、それまでのいろんな苦労が吹っ飛んで昇華してしまい、楽しい思い出としていつまでも脳裏に残る。

その後私は、同種のLNGプラント建設プロジェクトなど、多くのプロジェクトにかかわってきたが、私のPMの原点は、このアルンLNG建設プロジェクトにある。

このプロジェクトのPM経験が元となり、特に13年前に完工したカタールLNGプロジェクトでは、米国プロジェクトマネジメント協会から、写真に見るように『1999年度のプロジェクト・オブ・ザ・イヤー賞』を、北米以外のプロジェクトとして初めて受賞するという快挙につながった。アルンLNGプロジェクトやカタールLNGプロジェクトは、私が生涯忘れることのできない、男のロマンを満たしてくれた会心のプロジェクトなのである。

以下、カタールLNGプロジェクト遂行について詳細を記載し、PMとはどうあるべきかを述べてみたい。

カタールガスLNGプロジェクト概要

当プロジェクトは、千代田が1993～98年にかけて、カタールの首都ドーハの北方70キロメートルの砂漠に建設した当時世界最大規模、契約金額3000億円を超える「大型液化天然ガス製造設備の設計調達建設プロジェクト」である。

このプロジェクトでは、以下に挙げるようなさまざまなプロジェクトマネジメント手法が駆使され、大幅なコストの圧縮と、納期の短縮（1カ月～6カ月）が達成された。たとえば、

・横浜―カタール間に、同国初のインテルサット専用回線を設立して現場とのデータ通信、TV会議、図面、書類の双方向送受信機能の設立。

・テーラーメードのプロジェクト・マネジメントツー

ルの活用。自社独自で、または市販のソフトウエアをカスタマイズした各種ソフトツールを開発し、EDMS（電子式書類管理システム）や、自動材料集積・発注・資材コントロールなどに用いた。

・変更管理の徹底。合意手順に基づく190件余、130億円規模の変更事項のフォローアップをきめ細かく行った。

・レッスンラーン（教訓）の徹底活用。類似プロジェクトの経験、実績を徹底研究し、同類のプロジェクトで得たノウハウの次回プロジェクトへの伝達も可能にした。

・対客先、プロジェクトチーム内のコミュニケーションの徹底（客先プロジェクト・マネジャーとは毎朝、必ず朝一番の会議を重ねる、また各マネジャー同士も同様を徹底）

我が国では、これまでのプロジェクトの多くは、プロジェクトマネジメント（PMI）を科学としてとらえる発想が欠け、大幅な納期遅延やコスト超過などを引き起こし、かなりの割合で失敗してきた。こうした失敗も、PMTの手法を活用すれば大幅に改善することができる。

想定外の問題が数多く発生

プロジェクト遂行中にはいろいろと、想定していない問題が発生する。カタールLNGプロジェクトでは以下のような事態が発生した。

砂漠の工事現場が洪水で水没

100年来という豪雨が3日あまり続き、近隣の濁水が工事現場に流れ込み、掘削した低地の基礎や地下設備が破壊され、排水にひと月あまりの時間を要し、十数億円もの追加出費と進行遅延が発生した。追加出費は工事の保険で一部は回収できたが、遅延はその後の工事日程で回復させた。

カタールガス LNG プラント全景

クーデター発生

当時のカタール国首長が、息子によるクーデターで政権転覆させられた。幸い無血クーデターであったため、大きな混乱には陥らず事態はおさまった。しかし、旧首長に与していた地元業者には労務者のビザ発給が出なくなるなどの影響が出た。新首長派の新規業者の追加採用などで凌ぐことができたが、追加費用が発生した。

阪神大震災による神戸港の崩壊

出荷準備中のプロジェクト用資材が、神戸港岸壁倉庫の崩壊により出荷できなくなり、30トン以上の配管資材を新規に発注し空輸した。

そのコストは20億円以上要したが、一部しか保険回収できなかった。納期遅れを避けるために、この決断を躊躇なく行った。

為替差損リスクの手当

見積り時には為替レートが1ドル＝135円程度で

あったが、契約ネゴ時に130円を割る事となり、さらなる円の高騰が予想されていた。実際にはプロジェクト遂行時には79円50銭まで高騰した。会社財務部門は、このリスク対処として、為替のリスクヘッジを行い、事なきを得た。

プロジェクト・マネジメントは「科学的手法」だ

プロジェクトとは、計画・企て・事業などを意味する。古くはエジプトのピラミッド、現代では、原子爆弾開発のマンハッタン計画や、アポロ計画、東海道新幹線建設などが挙げられ、小規模なものでは、マイホーム建築や資格試験などへのチャレンジなども立派なプロジェクトといえる。

このように、プロジェクトには独自性、期間の制限や予算の制約がともなうという特徴がある。つまり、プロジェクトとは、特定の目標を達成するために、期間を限定して行う一連の作業である。それは、時間・資源（ヒト、モノ、カネ）・品質の3つの要素を管理し、「3つの制約（トリプル・コンストレインツ）」のバランスをとりながら行うものである。

近年では、新しいプラント建設や青函トンネル、東京湾横断道路のアクアライン建設といった大型の資本投資型だけでなく、はやぶさ宇宙探検プロジェクトや、ITや通信、金融やサービス業などソフトの分野にまでプロジェクト・マネジメント適用の裾野が拡がってきている。

プロジェクト・マネジメント（PMT）とは何か

プロジェクトを効果的に遂行するためのPMTとは何だろう。一言でいえば、PMTとは、次頁の図に示すように、PMの指揮のもと、1つの目標に向かって予算や技術などの諸資源を統合する効率的な業務運営のシステムであり、一連の技法、プロセス、システムを駆使して、プロジェクトを効果的に計画、実行、管理することである。

プロジェクトの遂行にあたっては、そのミッションが

プロジェクト・マネジメント・プロセスの相互関係

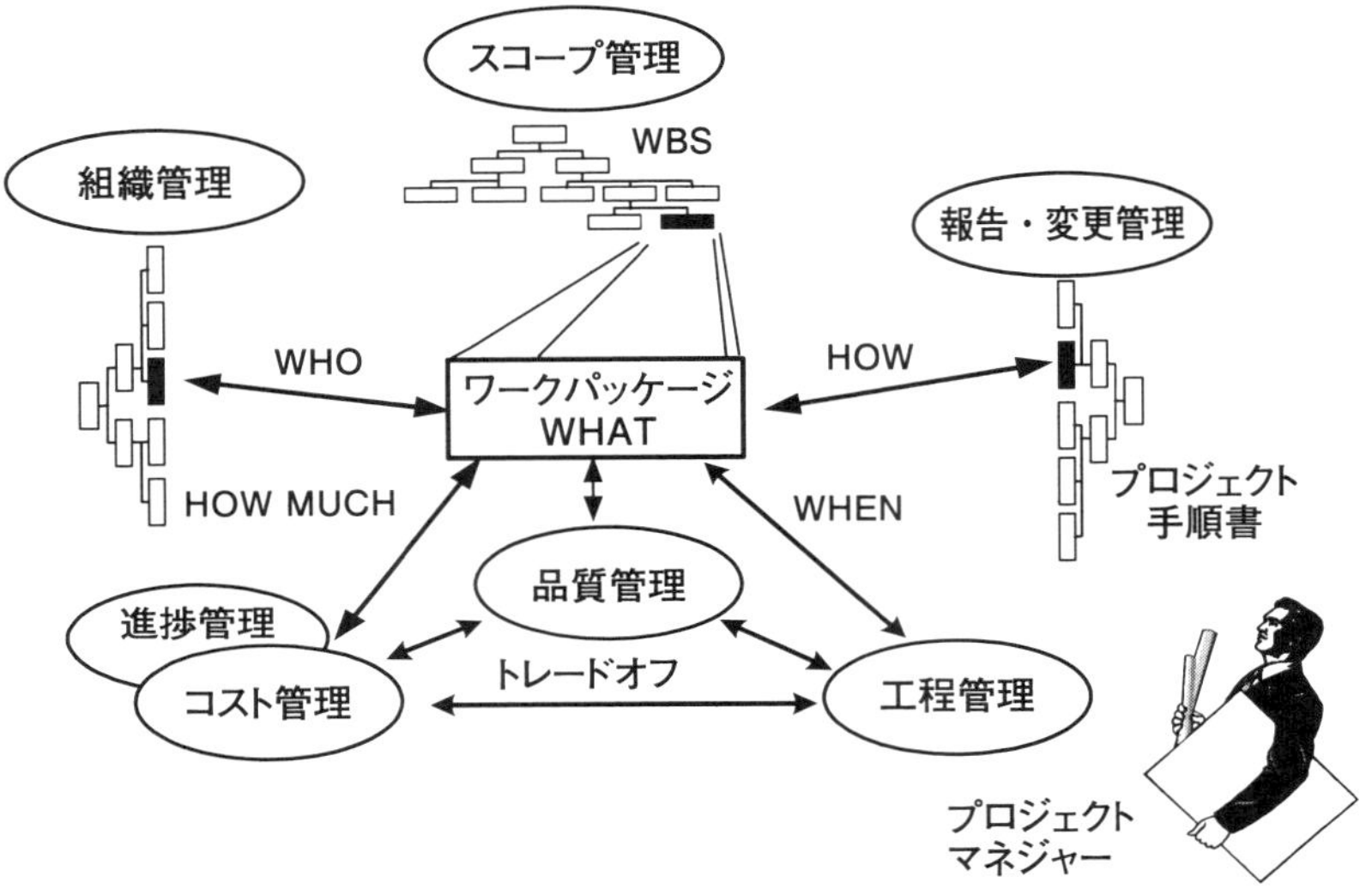

定められ、ＰＭが任命され、プロジェクト組織ができる。そこではプロジェクトチームメンバーの人間的側面の管理が重要視される。

人間関係管理と組織管理

これらの管理には、以下に示すようにメンバーの人間関係をどう管理するのかという人間関係の管理と、プロジェクトの組織をどうやって運営するかという科学的組織運営の２つの面がある。

ＰＭは中小企業のワンマン社長（良い意味での）ともいうべき統括責任者である。プロジェクトについては、通常その全責任を担うと同時に予算管理なども含めて全権を与えられ、独自の判断と決断によりプロジェクトの遂行を指揮する。

大規模なプロジェクトでは、プロジェクトダイレクター（実質ＰＭ）の下に、エンジニアリング・マネジャーやコントロール・マネジャー、アドミニストレーション・マネジャー、調達マネジャーなど、何人かの担当マネジャーを配備する。さらにその下に、それぞれのプロジェクト要員を配備する。ジェクトの成否は、これらのプロジェクトの構成要員を適材適所に配備できるかどうかにかかっているといっても過言ではない。大きなプロジェクトでは、何百人というプロジェクトチームでの集団行動の中で、個人の力を最大限に発揮させるためにはどうすればよいかが問われる。

プロジェクトには人的資源が多く投入されるが、必要人数をただ単に投入しただけではプロジェクトの目的・目標を果たすことができない。プロジェクトの指揮命令系統の確立、業務範囲や責任権限の付与、義務の明確化、適任者を適量に配備するといった組織化が必要である。つまり、個人の力を組織の力に変換させ増幅し、あわせて意思の疎通を図らなければならない。

チーム・ビルディングが不可欠

このために、近年欧米から逆輸入されたプロジェクトのチーム・ビルディング、我が国では品質管理でよくいわれる小集団活動（実際の場面としては赤提灯での飲みニュケーションなど）が大変に効果があるとされている。この目的は、人間を個々のバラバラな集合体から、共通の目的に向かって集団の力を発揮できる組織に作り上げ、これを維持していくことである。

このチーム・ビルディングには、施主や顧客側のプロジェクト・メンバーも加わり、2～3日の合宿形態で行うことも多い。このように組織とその要員の管理は、プロジェクトの目標を達成するための基本的な要素である。

実務面で大切なのは、プロジェクトチームの主要メンバーを計画立案・受注見積もりの段階から参加させることだ。個々の具体的は作業を洗い出し、WBS（後述）を作るステップからチームのメンバーを参加させ、自分の引き受けた作業がプロジェクトの全体像のどこにあたり、何のためにやるのかを自ら認識させることだ。これをしっかり理解できないと、「この日までにこれをやりたまえ」という命令を受けたメンバーは、その目的がわからず、タコツボ状態に陥ってしまうからである。

プロジェクト・マネジメント・システム

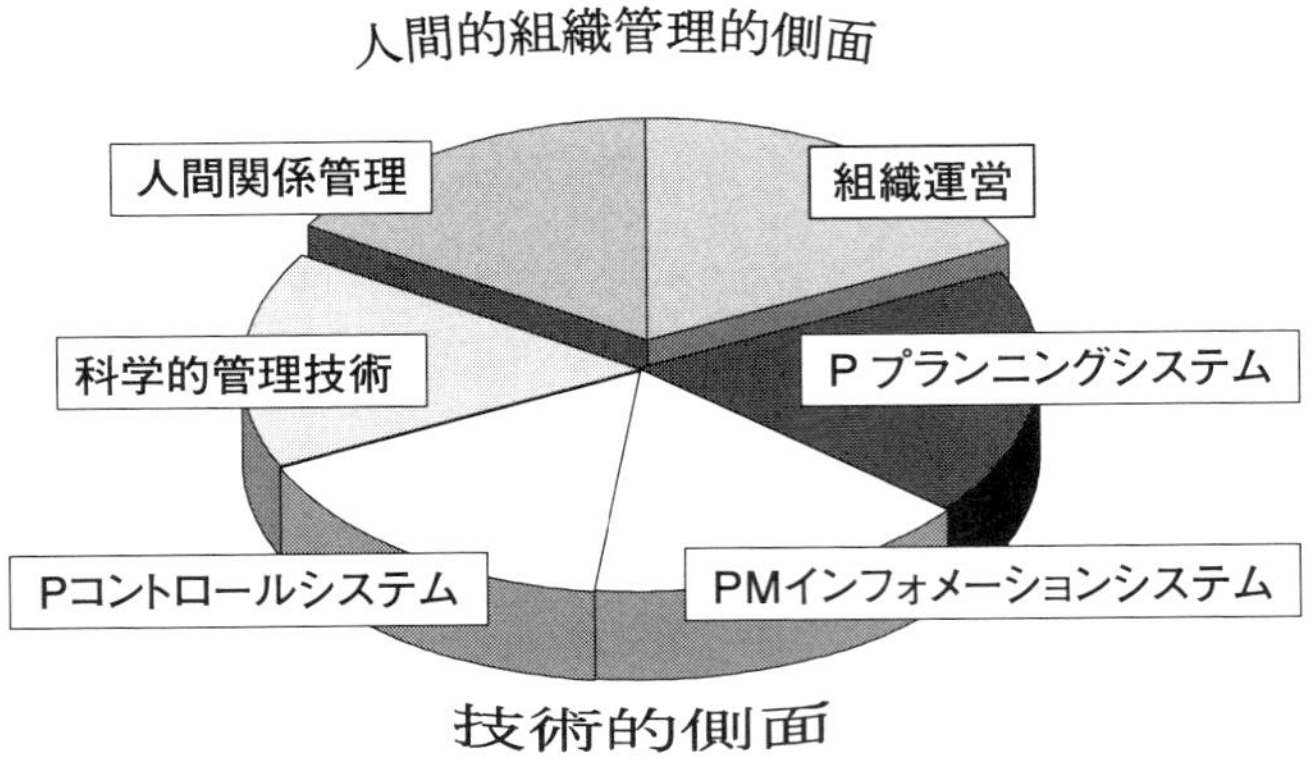

プロジェクトマネジメントを可能にする「システム」「技術」「技法」

プロジェクト遂行には、人間的側面に加えて上図に示すような技術的な側面も重要だ。これにはいくつかのシステムがある。

・**プロジェクト・プランニング・システム**——プロジェクトの諸活動を目的達成へと導くために、プロジェクトのスタート時点で基本的なプロジェクト遂行方針を決定するシステム。

・**プロジェクト・コントロール・システム**——プロジェクト遂行時での計画との差異や問題点を素早く発見し、是正するための情報をタイムリーに提供するシステム。

・**プロジェクト・マネジメント・インフォメーション・システム**——プロジェクトの効果的なコントロールに不可欠な情報や、プロジェクトのマネジメント

ワークブレークダウン・ストラクチャー

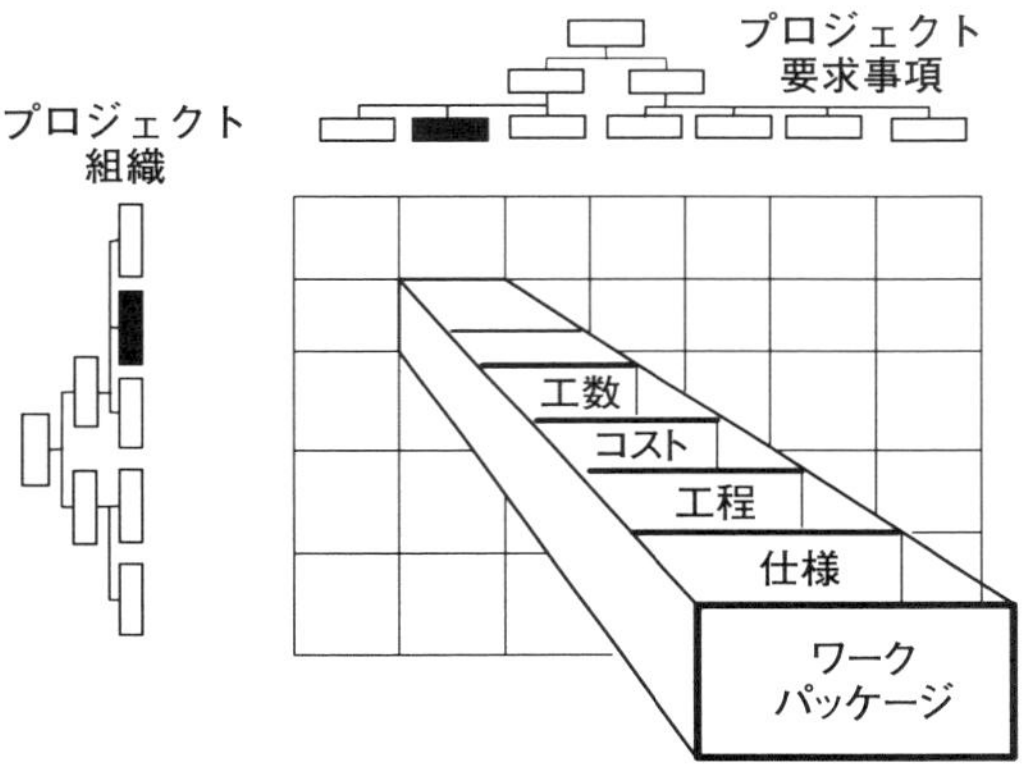

における意思決定を可能にするための情報を提供するシステム。

これらのシステムをサポートするのが、昨今発達しているＩＴ（情報技術）を駆使した科学的技法やツール類で、代表的なものを次に挙げる。

・**ＣＰＭ（クリティカルパス法）**――日程などを管理するためのネットワーク分析法の代表的なもの。ネットワークのなかから、プロジェクトの完成に最長の経路をみつけ、重点的に管理する。

・**ＥＶＭＳ（アーンドバリューマネジメントシステム＝出来高概念マネジメントシステム）**――出来高概念を活用し、プロジェクトのスケジュールとコストの両面を統合して管理する。

・**ＷＢＳ（ワークブレークダウン・ストラクチャー）**（図参照）――プロジェクトの成果物を基準とした分割系統図であり、プロジェクトのすべての作業を洗い出す。プロジェクト計画の基礎となるもので、これをきちんと構築できたかどうかでプロジェクトの成否が左右される。

・**ＥＤＭＳ（電子式書類管理システム）**――プロジェクトで取り扱う膨大な情報や書類、図面の最新版の保管、管理システム。

ＰＭＴの本質は「４つの段階、10のステップ」にあり

ＰＭＴはいろいろな技術や要員管理を含み複雑であるが、規模の大小を問わず、その本質は、明快な４つの段階と10のステップからなる。

段階Ⅰ　「発足と目標の明確化」＝プロジェクトの基礎をとり決める。

〈ステップ１〉プロジェクトを実施して、何（成果物）を、どこまで（スコープ）、何のために（目的）行うかを明確にし、文書で簡潔にまとめる。そして、実際に行うプロジェクトチームのメンバーを選出し、プロジェクトが完了したかどうか、成功したかどうかの判断基準を決める。

段階Ⅱ　「計画」＝すでに決めた目標を達成するために具体的で詳細な計画をつくる。

〈ステップ２〉プロジェクト全体を予測・管理が可能な小さな作業にまで分割し、ＷＢＳをつくる。

〈ステップ３〉役割を分担し所要時間を見積もる。ここでは、過去の類似プロジェクトの実績値を役立てることが重要である。

〈ステップ４〉作業の前後関係を調べ、クリティカル・パスをみつける。すでに行った作業分割とそれぞれの所要時間の見積もりから、クリティカル・パスに注目する。

〈ステップ５〉ガント・チャートを使って、スケジュールを作る。

〈ステップ６〉負荷をならす。要員１人１人にかかる作業負荷をとりあげ、問題点をみつけ、解決をはかる。

〈ステップ７〉予算を作る。単期および累計の予算を作成する。

〈ステップ８〉リスクに備える。リスク分析を行い、予防対策と発生時対策を講じる。

段階Ⅲ　「実行と管理」＝プロジェクト・マネジャーは進捗をモニターし、チーム・メンバーを支援し、プロジェクトを管理する。

〈ステップ9〉進捗をモニターする。プロジェクト・マネジャーは、チーム・メンバーを支援し、障害があれば除去して、プロジェクトを管理する。プロジェクトが完成するまで、必要な修正を続ける。

段階Ⅳ「まとめ」＝プロジェクトの最終成果物ができあがる。

〈ステップ10〉事後の見直しを行い、最終成果物について、スケジュール、予算、品質のそれぞれの面から検討する。プロジェクトマネジメントのやり方そのものについてもとりあげ、反省点や教訓を得て、今後のプロジェクトに役立たせる。

ＰＭはヘリコプターのパイロットたるべし――プロジェクトの飛行ルート上の山や障害物がイメージできているか

ＰＭの役割を、ヘリコプターのパイロットにたとえてみると解り易いのではないだろうか。パイロットは上空から広い視野をもち、高い視点から現況を俯瞰し、確かめながらヘリコプターを操航している。

しかし、多くの場合、ＰＭ自身がおうおうにして目前の障害処置や雑務に押し流されてしまい、他のメンバーと同じレベルに降りて、プレーイングマネジャーとなって、現場の雑踏の中に埋没してしまい、プロジェクトがどっちに向いて進んでいるのかを見失っているのではないだろうか。

このような状況では、プロジェクト全体の流れを修正し、新方針の策定が遅れてしまう。

ヘリコプターの操縦のように全体を俯瞰できる所まで視点を上げると、そのプロジェクトが置かれている立場や現状、全体の流れ、プロジェクトのまわりのステークホルダーの関心事が何であるかはっきりと見えてくる。さらに、ＰＭというパイロットにとって大切なことは目的地に到達するまでの航程をきちんとイメージできることではないだろうか。

ＰＭはプロジェクトの現状判断から、何カ月後には完成という目的地に到達できるか、つまり、計画到達時間との差異の有無や予測ができていなければならない。

また、ＰＭというパイロットにはすべての責任だけでなく十分な権限が与えられているであろうか？

多くのプロジェクトが失敗しているのが現状であろうが、ＰＭにプロジェクトの操縦をゆだねる以上、決裁権限も十分なものでなければならない。ＰＭに実権が与えられずに責任だけを取らされているケースが多いのではないだろうか？

経験豊富なＰＭであれば、パイロットと同じ事をプロジェクト遂行時にイメージできているはずである。

ＰＭにとっては現状把握と計画との差異認識、障害物の予測と発見、外部条件の変化を常に入手し計画変更・是正の指示を発し続けることが必要である。

ＰＭはパイロットと同じように、常々広い視野をもち高い視点に立って現状を俯瞰し、行く先の行路をイメージする習慣をもってほしい。

また、副操縦士を常に同乗させて、次世代のパイロット（ＰＭ）を育てているか。後継者を育てるのもＰＭの責務である。

私は後輩たちにも常々、「プロジェクト　これぞ男のロマン」と言い伝えている。

〈略歴〉石倉政幸（いしくら・まさゆき）

1962年福井大学工学部機械工学科卒、千代田化工建設㈱入社。1993年同社取締役。1997年同社海外プロジェクト本部長。2001年同社定年退社、ＰＭＣＣ事務局長。2006年同上辞任、ギリシャCCC社（建設会社）顧問、現在に至る。

2000年技術士（経営工学部門）取得。

9

自己実現プロジェクトを成し遂げる「プロフェッショナル」がゴールだ！

坂井　剛太郎
株式会社朝日興産（竹中工務店グループ）
取締役社長

はじめに

私が社会に出た頃の建築業界は、ＺＤ（Zero Defects）運動から始まったＱＣ（Quality Control）活動が、ちょうどＴＱＣ（Total Quality Control）、さらにはＴＱＭ（Total Quality Management）への展開を見せる時期であった。

私は、建築現場で先輩社員や作業員（職人）に叱咤激励されながら、「ものづくり」の原点であるＱ（Quality：品質）・Ｃ（Cost：原価）・Ｄ（Delivery：納期）・Ｓ（Safety：安全）の管理を身につけていった。このＱＣ７つ道具や新ＱＣ７つ道具を使う、ＰＤＣＡサイクルを回しながらの継続的改善活動が、私のプロジェクトマネジメント（ＰＭ）活動の原点である。

あらためて自分の関わってきたプロジェクトを振り返ると、そこには私のＰＭ能力成長プロセスでのエッセンスが散りばめられており、ＰＭ活動を語る上で外せないものばかりである。すべてを盛り込むことは不可能であるが、現在の活動に大きく寄与したプロジェクトについて、そこでの習得要素とともに説明していく。

建築プロジェクト管理での経験

国内プロジェクト管理

前述のとおり、初期のマネジメント経験は、ＱＣＤＳ（後にE=Environmental Protection、M=Moralが加わる）管理が主体であったが、建築プロジェクトごとの方針管理・展開を並行して学ぶことができたのは、その後のマネジメントの勘所を養う上で貴重な経験であった。

同程度の規模・成果仕様のプロジェクトであっても、解決課題の優先順位やプロセス管理が同じプロジェクトは2つと存在しない。

近接構築物や地盤条件、近隣環境などの制約条件を明解にして、目標を達成するための問題点を抽出し、その背後に潜む課題を絞り込む。その上で対応策を立案して実施・管理するというＱＣストーリーは、発生現象の事後管理だけではなく、事前にプロジェクト方針を絞り込み、目標を正しい方向に定めるプロセス上で必要不可欠なものである。

海外プロジェクト管理

日本国内で慣れたストーリー展開も、海外ではアレンジメントが必要となる。日本国内では「当たり前」とも意識することのないレベルでの文化・習慣に関わる潜在的前提条件が、海外では簡単に覆ってしまうのである。

初めての海外駐在地となったタイでは、人件費が安いという単純な事実以上に、構工法の選定や工事計画、工程など、多方面に影響が及ぶことを学んだ。この異文化対応のプロセスを経験することにより、潜在リスク抽出能力が向上できたと考えている。

また、直後のアメリカ駐在時には、歴史背景や社会制度、法律、習慣の異なる文化を覚悟していたものの、「モジュール」を基本とした、生産システムの背景にある合理的思考に影響を受けた。旧来の日本の尺貫法にも似たヤードポンド法ではあるが、慣れた十進法のメートル法とは異なり、アメリカのヤードポンド法では1フット＝12インチであり、インチ以下は分数での表現となる。次第にヤードポンド法に慣れてくると、この方法に基づく製品モジュールに気づき、その生産システムを理解し、業務で活用できるようになった。

ここには、箱庭文化といわれる国土の狭い日本と、人口1人当たりの国土面積が日本の10倍に及ぶアメリカの比較というだけでなく、アメリカの市場密度の低さや原価構成比率における輸送コストの高さを背景とした合理主義と大量生産志向が影響していると考えられる。

この経験は、課題解決における手法選択段階での発想拡大につながっている。

ちょうど、アメリカ駐在の後期に初めてPM手法に触れる機会があったが、PMとの出会いは、こういった異文化対応経験を手法として整理することができた重要な要因であると考えている。

人打ち杭？（タイの人力工法）

軽微な構築物の基礎は長さ6m程度の摩擦杭を使うが、機械を使わずに、穴掘りシャベルと人力で打ち込む。

業務プロジェクトでの応用

海外調達プロジェクト

2年半のタイ駐在に引き続き4年半のアメリカ駐在を経て帰国することになったが、新しく配属された国内の建築プロジェクトでは、テナントである外資系ホテルの内装材の海外調達を担当した。

見た目のデザイン・雰囲気を重視しながらも、建築基準法や消防法などの基準・規格を順守し、同時に海外からの納期、開梱・ストックスペースの最小化など、課題は山積みであった。

7年のブランクをもって日本の建築施工管理に復帰するのは大変であったが、海外での幅広い経験とＰＭ手法が効力を発揮した。

潜在リスクを洗い出し、評価・対応策の立案・検証を経て計画実施プロセスに移行したが、川上段階で準備した十分な期中マネジメントと異常値発生時の対応により、無事完了することができたと自負している。

生産情報集約・展開プロジェクト

十数年間、個別プロジェクトに直接携わってきた私が、内勤のそれも本社生産統括部門の辞令を受けた時は、私自身を含めてまわりも驚きを隠せなかった。

統括部門ということで、規程の改廃や特定課題対応を行ってきたが、中でも生産に関わる情報の集約や、集約した情報を他プロジェクトへ展開する上でのＰＭ手法の活用が記憶に深く刻まれている。

建設事業は地場産業といわれるが、これは特に気候や地盤、その他の地域特性が個々のプロジェクトに大きく関与するからであり、全国規模の建設会社であっても、生産情報は主に地域事業部レベル、あるいは個人レベルでストックされている。

この課題解決としては、社内で推進に力を入れていた電子化による手法を導入することにした。情報の必要項目についての検証はもちろんであるが、当時、作業所（建築現場）での情報環境がまだそれほど整備できている状態ではなかったため、重いデータ配信を避けるシステムの構築が必要であった。

管理側の業務負荷も考慮した軽快なプラットフォームにPDFデータを載せる形式としたが、使い易さと情報量からアクセス数が順調に増加し、ユーザにも定着させることができた。これは、現行のナレッジマネジメントシステムの基盤となっている。

このプロジェクトでは、それまでのPMに関する知識・経験・ノウハウを応用するとともに、ユーザ視線で目標設定し、事前プロセスで実現可能性をより高める手法として実践した、初めての事例となった。

海外建設技術指導プロジェクト

従来、日本のゼネコンでは工事施工管理を中心に業務が構成されているが、ここでは海外での技術指導という未開分野への挑戦であった。

日本での顧客である香港資本企業の依頼を受けての活動であるが、上位マネジメント間での会話からスタートしたプロジェクトであるため、スコープをはじめ、活動の詳細が一切決まっておらず、ニーズを探りながら契約を締結するという、難易度の高いプロジェクトであった。

ＬＩ（Letter of Intent）による基本合意形成・活動開始とともに、肩書と契約人時単価や業務内容の整合、請求・支払条件と認定書類、等々、限られた時間での定義構築や実績記録など、単に契約内容を消化するだけでなく、創出型プロジェクトとしての位置付けを理解し、川上段階から展開を意識した実施内容の整理を行った。

プロジェクトコスト総額が決められていたために、常駐指導期間と出張指導期間の2段階による構成をとり、発注者側にとっての費用対効果を見える化し、それをフォローしながら推進することにより、双方が納得のいく実績を上げることができた。

駐在期間後期には、香港現地法人代表を兼任して、現地法人運営方針の修正と実行計画の策定を実施したが、技術指導と現地法人運営の2つのプロジェクトを並行して推進するために行った、それぞれのチームデザイン・運営管理、メンバータスク設定・運用管理等の経験は、新たなノウハウとして蓄積することができた。

医療施設受注促進プロジェクト

前記の海外建設技術指導プロジェクトの中・後期での出張指導期間においては、国内で数々の変革型プロジェクトを兼任した。その中で特筆に値するのは、医療施設に特化した受注促進プロジェクトである。

建築技術側面だけではなく、積極的に医療業界の情報を収集し、当時導入が盛んであったPET（Positron Emission Tomography：陽電子放射断層撮影）検査施設の建築受注戦略を構築した。検査エリアは放射線管理区域となるため、原子力本部とのコラボレーションによる遮蔽技術の導入・展開や、サイクロトロン等の重量医療装置の搬入を考慮した設計・工事計画を核にした戦略・戦術を構築し、目標を上回る成果を上げることができた。

当時の資料集は、８年経った現在も活用されている。

海外オペレーションでの展開

中国事業支援

それまで外国籍企業の支店という形態で認可されていた中国国内の建築行為は、中国のＷＴＯ加盟に伴い、中国現地法人としての形態を要求されることになった。

生産拠点としての機能に、独立企業としての機能を付加するためには、必要機能の付加だけでなく、独立事業体としての採算性を考慮しなくてはならない。現状組織・メンバーありきではなく、継続性を重視した組織を設計する上で、国内からの駐在員の処遇・ローテーションの影響が大きく、最優先課題であった。

そのため駐在員に関する人事規定（期間・方法）のルール化を行うとともに、現地ローカル社員の人事施策等をシミュレーションし、そのコスト検証を繰り返し、最適化を図るというプロセスを実施した。

これが、私にとってのプログラムマネジメントの実戦経験の始まりである。

アメリカ現地法人運営

中国事業支援が軌道に乗り始めたところでの異動辞令は、古巣アメリカの代表辞令であった。引継期間の数カ月で示唆された課題は「事業安定化」であり、方針作成と上位方針との整合確認が、短期間での急務となった。

組織運営を改革するにあたり、期中管理の軸となる指標を設定することから始め、本社生産統括部門時代から個人的に研究し続けている「人時コスト生産効率」の考え方を導入することにした。ＡＢＣ（Activity Based Costing：活動基準原価計算）に近い考え方ではあるが、私の指標計算実施方法は以下のとおりである。

①人件費以外の総経費コスト（TC）を、光熱費・通信費等の人数に比例するものと、会議費・交際費等の職位により傾向の異なるものに層別する。

②光熱費・通信費等の人数に比例するものの総コスト（A）を総人員数（N）で除して係数化する。

③会議費・交際費等の職位により傾向の異なるものの総コスト（B）を総人件費（E）で除して係数化する。（便宜上、個別人件費に比例すると仮定する）

④個別人時コスト（ω）
＝個別人件費（e）×（1+B/E）+A/Nとする。

⑤人的資源を利益創出業務に直接関わる生産担当者群（p）とその他の群（e）に層別する。

⑥人時コスト生産効率＝［売上高］÷生産担当者経費総コスト（pΣx）

⑦人時コスト利益効率＝［営業利益＋eΣx］÷生産担当者経費総コスト（pΣx）

これらの指標を過去に遡り算出して、その傾向を検証し、目標数値を設定するとともに固定経費の見直しを行った。

さらに、営業情報量管理、情報化推進、保存書類アーカイブ手法の改善、プレゼンテーションＤＢ化、等々を計画的に実施し、担当した3年間の経常利益の黒字化を達成するとともに、組織体質の改善を図った。アメリカ現地法人におけるプログラムマネジメントでは成果を上げることができたが、上位組織への働き掛けが十分にできなかったことが大きな反省点となった。

生産系傍系子会社運営

現在所属の組織では、これまでの経験の延長線上にある工事事業に加えて、私にとって未知の分野であるe－コマースを含む販売事業、石油事業、緑化事業という、多様系・複雑系のプログラムマネジメントによる運営を必要としている。

この事業においては、私が表立った牽引役になるのではなく、社員自らが主体性を持って継続的変革を実施できるようになることを目標としており、そのために2年をかけて社員の意識改革と育成を仕掛けてきた。

現在、新規商品・サービス開発、新規事業開発、環境保全活動、及び、仕組み・能力開発を含めた人事制度の改革、等、いくつものプロジェクトを立ち上げ、社員主導での活動を支援している。

事業運営活動の概念

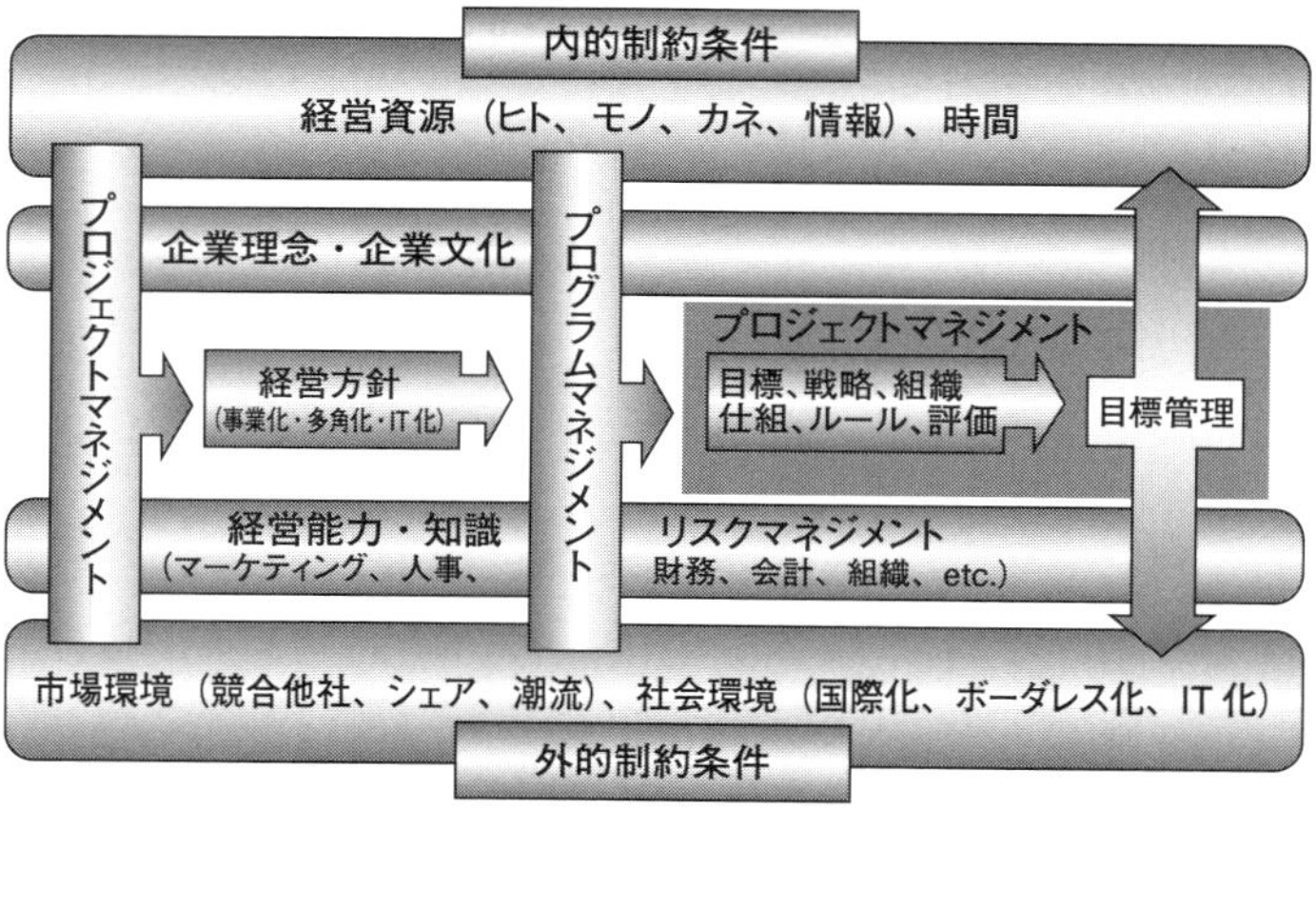

新規事業化活動の俯瞰

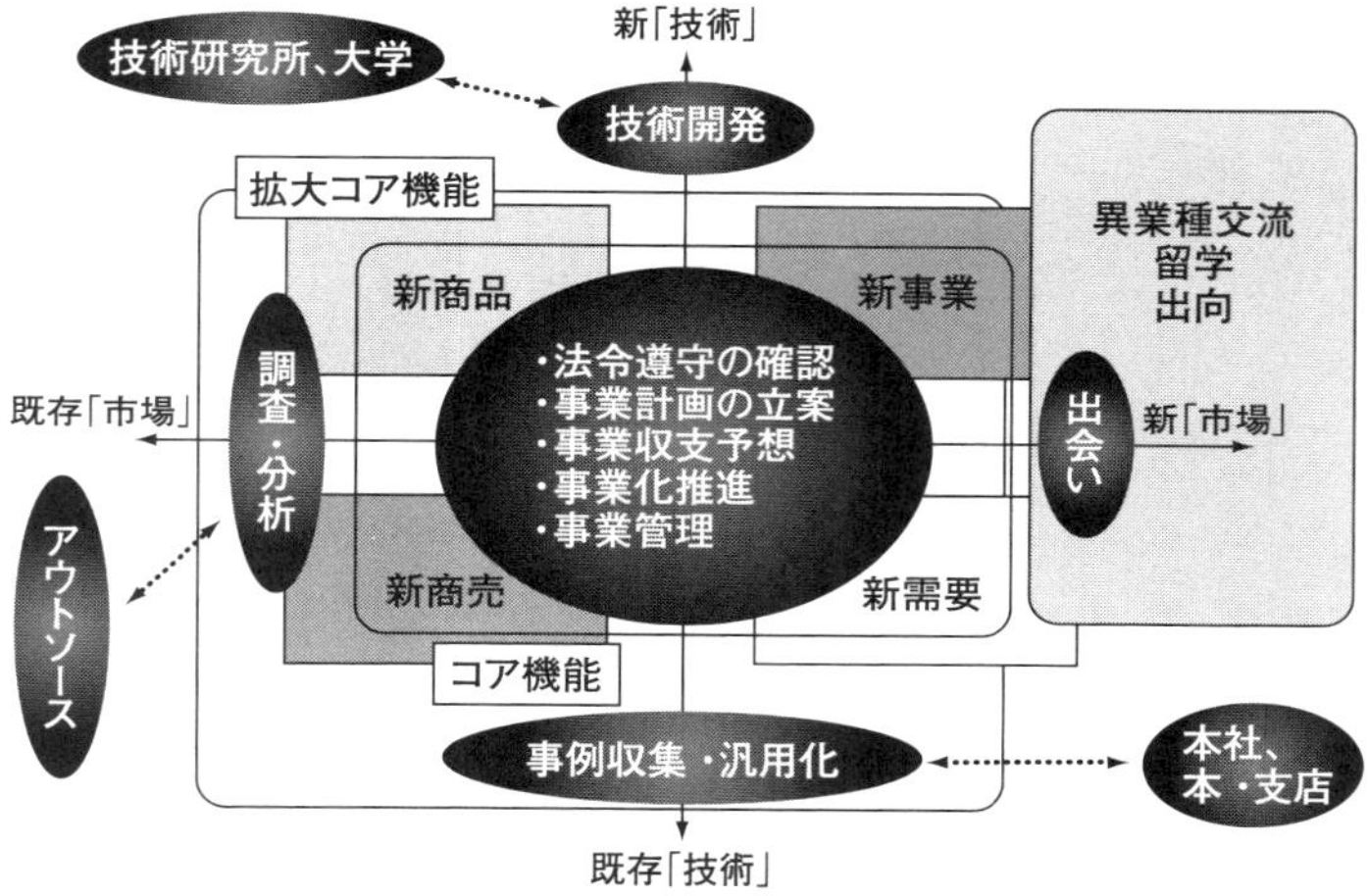

むすび

私が経験してきたプロジェクトは、ここで記述した範囲に納まらない。十分に表現できたか疑問ではあるが、プロジェクトを経験する度に「新たな発見」や「新たな挑戦」にめぐり合うことになるが、「私のいち押しプロジェクト」といわれて辿りついたのは、いわば「自己実現プロジェクト」である。

「プロジェクト」の定義は、「特定使命（プロジェクトミッション）を受けて、資源、状況などの制約条件のもとで、特定期間内に実施する将来に向けた価値創造事業（Value Creation Undertaking）である」とされている。

私の使命は、「人の悩みや課題を聞いて、自らの知識・能力・ノウハウとともに、必要な情報・能力を調達して解決を図る」職業人である「Professional」になることであり、現在の自分自身の能力レベルが制約条件であり、期間は人生の期間で特定できる。その実現のために、心掛けている5箇条を以下に列挙する。

①軸となる専門性を継続的に究め続ける。

②専門性以外の分野にも知的好奇心を向けて、積極的に吸収する。

③耳年増にならず、自ら行動して経験する。

④自己満足に終わる狭義の成果ではなく、広義の成果で最大効果を目指す。

⑤現時点の条件だけでなく、時間変化の中での継続的な成果を最適化させる柔軟性をもつ。

専門性については「1人前になるには10年」といわれるように、十分な深耕が必要であると考える。プロジェクトマネジメントという分野でいえば、建築やエンジニアリング、製造、研究、IT等を専門性とすれば、その軸をもとに他の分野でも応用することができるため、プロジェクトマネジメント手法の習得・活用は比較的短期で相当のレベルに達することができると考えている。

しかし、プロジェクトマネジメントそのものを専門性として能力開発するには、ツールとしての知識は早期に修得できるものの、応用・活用能力の深耕には時間がかかると考えられるため、2次的な専門性を並行して構築していくことを指導している。

最後に、龍虎2巻のうち虎の巻の一節をむすびの言葉にして、私のPM論を終わりたい。

「虚実を察し陰伏を識り、大は方処を絶ち細は微塵に入る、殺活機にあり、変化時に応ず、事に臨んで心動ずることなかれ」

PMに定型なし。柔軟性とバランス、実行力が必要。

〈略歴〉坂井 剛太郎（さかい・ごうたろう）
1960年大阪生まれ。1982年京都大学工学部建築学科卒、同年竹中工務店入社。大阪本店作業所、タイ駐在、アメリカ駐在、本社生産本部勤務を経て、2002年香港竹中代表、2005年アメリカ竹中代表、2009年より現職。
PMS、技術士（経営工学、総合技術監理）、一級建築士、一級施工管理技士。

10

問題を曖昧にしない

ニューヨーク地下鉄「次世代車両開発プロジェクト」

森岡　祥一
川崎重工業株式会社
車両カンパニー技術本部
プロジェクト設計部副部長

ハイリスク・ローリターンの新型車両開発

ニューヨークの地下鉄は、ニューヨーク市都市交通局によって運営される大規模鉄道システムであり、所有する車両数は６０００両以上と世界最大である。１９０４年の開業以来、路線を発展させ大量輸送交通機関として市民生活を支えてきたが、１９７０年代以降車両の老朽化が目立ち、故障率も高く運行に支障が出るなど悪評で有名となった。１９８０年代に入り、川崎重工は初めてステンレス製車両を納入。落書きが消せ、信頼性の高い車両は好評を博し、イメージ改善に貢献した。

これら車両をさらに発展させ、21世紀の地下鉄車両を開発するため、１９８０年代なかばから次世代技術を搭載した試験車両開発の検討が始まった。この流れを受け、川崎重工は10両の車両（Ｒ１１０Ａ型）を受注。日本での設計・生産・試験を経て１９９２年にニューヨーク現地に納入した。

鉄道車両プロジェクトは受注型プロジェクトである。本件も当局が発行した仕様書に基づき、入札・受注プロセスを経て開発が行われた。設計は車両メーカーが自由にできるわけではなく、非常に細かい仕様要求にしたがって仕事を進める必要があった。特に、試験車両という性格から、納入後も各種試験実施が契約上課せられており、厳しいノルマを達成するまで信頼性検証試験走行を続ける、という過酷なプロジェクトであった。

最新型地下鉄車両と筆者

わずか10両の生産というのは、鉄道車両プロジェクトとしては極端に数量が少ない一方、厳しい試験を長期間実施する必要があり、プロジェクト単体としてはハイリスク・ローリターンの典型である。しかし、この試験車両が評価されればその後2000両近くといわれる車両置換プロジェクトへの参画が確実となるわけで、なんとしても成功させる必要があった。

まさに、将来咲く花を夢見て苗を育てる、厳しい試験にチャレンジするプロジェクトであった。

リソースが不十分

将来のための重要なプロジェクト、という命題は明確であったが、他の開発プロジェクト同様、現実にはプロジェクトメンバーがそれだけ考えていればいいという状況にはならない。自社の設計者だけでなく、サブコントラクタ各社も複数の大型プロジェクトを抱えている。目先のリターンが少ない試験車両よりも、損益がかかっている現行プロジェクトの問題解決にリソースをかけている。よって、なかなか十分な設計展開ができない。一方で客先仕様書には多くの新規開発要素の盛り込みが要求されており、課題は多いがリソースは不十分、という事態がいくつかの部位で発生した。

鉄道車両には多くの機器が搭載されている。そしてそのほぼすべての機器は、それぞれ専門のサブコントラクタが設計・生産を請け負っている。その1つに車両のドアシステムがある。車両のドアには、ドアエンジンといわれる装置が取り付けられており、モーターによりドアを開閉する仕組みになっている。この制御には、リレーロジックを構成し、アナログ電圧により開閉指令を出す回路を使うのが一般的だが、試験車両の仕様要求にしたがい新しくマイクロプロセッサによる制御回路が導入された。ソフトウェアとデジタル信号によるドア制御は、当時ほとんど前例がなかった。設計時からある程度のトラブルは予想され、実際にかなり手を焼いた。

プロジェクトチームはこれら多種多様な新しい問題に対し、前例がない中で解決策を探っていく必要があった。しかも、社内開発プロジェクトと異なり、契約上の要求にしたがい、車両と機器の信頼性に関し、運行データを積み重ねることにより証明しないといけないから、のんびりとトラブル対応して時間をかけることもできなかった。

走行中にドアが開く
――絶対あってはいけない故障

ドアシステムのトラブルは本当にたくさんあり、毎日色々なドア故障をサブコントラクタと共に対応する連続だった。

ある日、車両基地の事務所で待機していると、走行中の列車でドアが開いたと連絡があり大騒ぎとなった。鉄道車両において、この事象は最も危険な重大故障の1つである。走行中のドアは閉まっていることが当然で、列車運行の前提条件。誤って開いた場合、乗客が転落するなど、即人身事故につながる。絶対にあってはいけない故障なのである。

報告を聞くと、不幸中の幸いで、事象が発生したのは本線ではなく基地内で、乗客はだれもいなかった。目撃した乗務員によれば、車両が洗車機を通った後、1つのドアが走行中自然に開いたとのこと。我々はすぐ車両を調べ、何か異常がないか必死に探した。その結果、開いたドアは「クルードア」と呼ばれる箇所だったことがわかった。日本の車両と異なり、ニューヨーク地下鉄の車両には乗務員用の手動扉は設置されておらず、各車特定の箇所のドア横に鍵付きの開閉スイッチがある。乗務員は開閉スイッチを使ってこのドアだけを開け、出入りするのだ。これがクルードアだ。ドアが開く故障は、列車に20箇所あるクルードアの1箇所で発生したのだった。

さらに詳細に調査すると、その箇所の開閉スイッチ内部に水がかかった形跡があるのを発見。洗車時に吹き付けられた高圧の水が、スイッチ内部に入り込んだようだ。私は早速お客様に「水によるスイッチの誤動作」と報告した。

テープでぐるぐる巻きにしておけば…

翌日から車両の調査確認を行うと、やはりわずかな隙間から水がスイッチの電気接続部に入ってしまう構造になっている。そこで、スイッチの端子部を防水保護する処置を考え、お客様に案を示し、車両の試験運転を再開することで納得いただいた。

信頼性データを蓄積するには、一刻も早く車両を運行に戻し走行試験を再開する必要がある。防水保護のやり方にはいろいろあるが、試験責任者だった私は、材料手配が必要で時間のかかるやり方を嫌い、現場にあった配線用の一般テープを端子に巻いて応急処置を行った。専用の防水パテを使わなくても、テープでぐるぐる巻きにしておけば大丈夫だろう、と私はタカをくっていたわけである。その状態で「防水処置した」と報告し、車両は試験運行に戻った。

運行再開後、当座は安全性確認のために乗客を乗せずに試験走行を繰り返し、事象も再発しなかった。安心していたのだが、数日後、衝撃の報告が入ってきた。

試験走行中に1箇所のクルードアが開いたというのだ。幸い今回も無人の試験走行中の発生ではあったが、連続で発生した問題に、お客様の本社からマネジャーが現場まで急行して来た。そして、現場で前回処置した部分を確認する、と言い出した。私は青くなった。何せ素人の私が処置した部分、しかもテープでグルグル巻きにしている状態である。が、しまったと思ってもあとの祭り。開閉スイッチのカバーを開かれ、内部の粗末なテープが見つかってしまった。その時、取り外した無残なテープをもったお客様のマネジャーから、「これは、どういうことだ！」と問い質された時のことは忘れられない記憶である。

翌日、上司と共にお客様の本社に呼び出され、厳しいお叱りを受けることになる。その後、私がブロンクスの車両基地にある試験詰所に戻ったのは夜だったが、いい加減な処置をしておき不正確な報告をした上、問題を再発させ、上司まで巻き込んでしまったことを悔んだ。

NY 地下鉄車両の「クルースイッチ」

乗務員がホームから乗り込む時、このカバーの中にある鍵付きスイッチを操作することにより、その部位のドアだけを開くことができる。

原因は電気回路か？

しかし、いつまで後悔していても始まらない。早く原因を見つけて対策しないと、試験走行を再開できずプロジェクトが前に行かない。なんとかしないと…。

ここからが本当の調査の始まりだった。データを調べると、どうも洗車に関係なくドアが開いたようだが、いずれにせよ開閉スイッチに関係することは間違いなかった。そこまで絞られたので、とにかく図面を調べ、車両へ行っていろいろ測定し、手がかりを必死に探し続けた。しかし、なぜドアが開いてしまうのか、なぜ開閉スイッチが誤動作するのか、根本原因がわからない。連日、限られたスタッフによる車両での苦しい調査が続いた。

トラブルの状況は神戸の本社にも伝わっており、当時技術部門の部長である大先輩に相談に乗ってもらっていた。その方は、当時の我が社では数少ない電気エンジニアで、経験が豊富だった。ニューヨークからＦＡＸで回路図を送ったところ、数日後、その部長から国際電話があり、「ここところを見てみて」と具体的に指示された。

電気回路のトラブルに精通する部長は、ドア開閉スイッチの回路構成がノイズに弱そう、ということに着目していた。現物を見たこともないのに、回路図だけで調査指示ができるなんてすごい人だと思いながら、指示をメモして、現場の車両へ行った。そして、言われた通りスイッチ配線を細かく見た。車両の配線は、端部の銅線部が接続用の端子に圧着されている。圧着部は電線被覆をはがし内部の銅線がむき出しになっているのだが、いくつかの箇所でその部分が傷んでいることを見つけた。しかも、銅線が切れそうになっているものもある。被覆がない部分は電線の機械強度が落ち、振動や動きを加えるとダメージを受けやすいのである。私は「何かおかしい」と、それを見て感じた。そして、その部分を調べようと端子のねじを、ゆっくり緩めた。

すると……その瞬間、目の前のドアが開いた！

「これだっ！」と思い、もう1度ドアを閉めてから、配線をいったん外して手でスイッチ端子にチョンチョンと接触させてみた。端子が不完全な状態で接続されていると何かが起こる、と想定したからである。

ずばり、またもや目の前でドアが開いたのだ。ドアスイッチを操作していないのにドアが開くという不具合事象の再現である。足の力が抜けてしまうとはこのことで、現場でへたりこみそうになった。手掛かりもつかめず途方に暮れていた中、偶然のように目の前で事象が再現できたからだ。現場での調査は精神的にも肉体的にもしんどかったけれど、発見の一報を神戸の本社に報告し、アドバイスのお陰だと部長へお礼を伝えたとき、「君が自分で見つけたんだ」と言われた。私は疲れも忘れるくらいうれしかった。

設計変更、部品変更に着手

現象を再現できたことで、不具合の根本原因究明の作業が加速した。システムを設計したアメリカのサブコントラクタは、当初「原因不明」と繰り返すだけで詳細検証をまともに行っていなかった。しかし、不具合を現場で確認するとそう言っていられなくなった。早速スイッチに接続される詳細回路図と特性が開示され、我々の専門家も入って検証が始まった。その結果、スイッチ入力回路の構成上、パルス入力の立ち上がりをトリガと判断する設計になっていることがわかってきた。ダメージを受けた配線は中途半端な接続状態となり、それがノイズを起こす。回路は、細かいノイズと、スイッチがＯＮになった状態を電気的に見分けられず、スイッチ操作と勘違いしてドアを開けてしまう場合があることがわかったのだ。

電気機器のメーカーならこのような問題は想定し、回路設計時に対策をとれたかもしれない。しかし、我々車両メーカーはここまで細かい電気回路詳細まで入り込むことはほとんどない。当時デジタル制御の機器は少数だったので、なおさら難しい話だったのだ。

原因は特定できたので、対策は比較的簡単に示せた。

①フィルタや時定数を調整し、ノイズに強い回路に変更する。

②スイッチ配線の電線を変更し、機械的に強くし、ダメージを受けないようにする。

これらの対策には部品変更が必要で、全車両に施工するのに数カ月かかった。しかし、安全のためには避けて通れない設計変更である。サブコントラクタと我々は共同して変更を施工。この変更のお陰で車両を運用に戻すことができ、信頼性検証試験が再開されたのである。

問題を曖昧にしない

そのころ、その車両基地では他にエンジニアは配置されておらず、ほとんど私が1人で仕事を仕切っていた。入社10年ほどであったが、車両を直接触りながら仕事をしていたこともあり、技術対応には自信をもっていた。大抵の問題は解決できると思っていたし、実際にいろいろ処理をしていた。

しかし一方で、ものづくりに対する畏怖の念を忘れていたのかもしれない。どんな仕事でもそうだが、ナメずに真摯に向かわなければいけない。エンジニアリングプロジェクトでは、それに加えて「曖昧にしない」ということも大事だと、この時思い知った。原因・理由を徹底的につきつめ、トドメをささないと、真の問題解決はできない、ということがわかった。「なんとなくこの辺でいいだろう」「だいたいわかったから…」と自ら勝手に納得しては駄目なのである。特に、鉄道車両を作っている我々は、「曖昧にしたまま」仕事をすれば、最悪の場合人命を奪うことまでになる、ということを常に忘れてはいけないと、折に触れ後進の方々にお願いしている。

こうして手のかかる10両の試験を乗り越え、我が社は1997年に遂に400両の大量受注を獲得することができ、さらに引き続き2つのプロジェクトを受注した。そして、2010年までに納入した車両は合計約1500両にのぼり、世界最大の地下鉄でトップシェアを確保するに至った。もちろん、これらの車両は、試験電車で発生したような問題が起きないよう、ドアも含めすべてのシステムが二重・三重のバックアップを取り入れた安全な設計になっている。そして実際の車両信頼性・安全性は設計値以上の実績を積み重ねており、今日もニューヨークの人々の足となっている。

「曖昧にしない」取り組みをすると手間がかかる。プロジェクトの1つ1つの仕事に時間もかかるし根気も要る。しかし、鉄道を利用するすべての人々のため、その安全のためを思えば、それはむしろ喜びとして受け止められるほど大事なことだ。今後もプロジェクトへの取り組みを曖昧にすることなく、もっと多くのニッポンの電車を世界に走らせていきたい。

〈略歴〉森岡祥一（もりおか・しょういち）

1987年川崎重工㈱車両事業部入社後、鉄道車両設計を担当。1994年から米国現地法人に駐在員として赴任。2010年に帰任するまで、16年間にわたり米国東海岸の複数の地下鉄車両プロジェクトに関与。帰任後は海外車両プロジェクト技術とりまとめ部門の副部長として勤務すると共に、後進のプロジェクトマネジメント要員の育成にも携わっている。PMP。

11

経験による既成概念は要注意

X社向け海外工場建設プロジェクト

北林　孝顕
川崎重工業株式会社
技術系企画部門

高度な調整業務が必要なプロジェクト

私が先輩M氏と共に経験した貴重なプロジェクトについて記す。それは、「X社向け海外工場建設プロジェクト」であり、私にとっての「いち押しプロジェクト」である。

建設場所は北アフリカのモロッコ王国、プロジェクトオーナーは、フランスに親会社をもつモロッコ最大のセメントメーカーX社（契約言語はフランス語）。

当社の主なスコープは、原料投入から仕上粉砕までの機械設備・鉄骨架台の設計・製作・納入、据付工事及び試運転であった。本プロジェクトは大規模ゆえ、X社の下、当社を含む複数の業者が参画しており、高度な調整業務が必要とされた。私は先輩M氏のもと、本プロジェクトの鉄骨架台の設計・現地製作の取りまとめ役として従事した。

契約フォーメーション

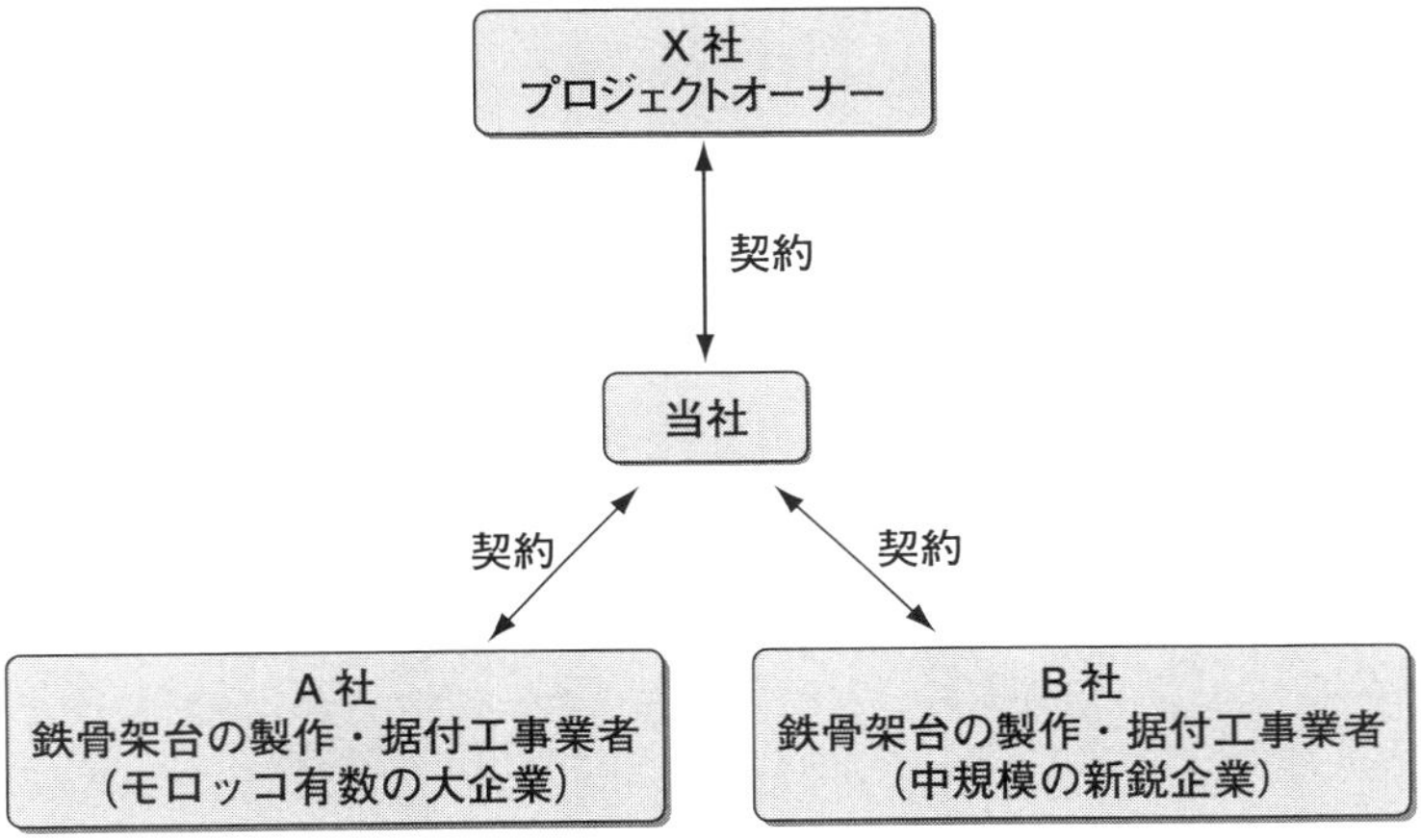

プロジェクトの課題

本プロジェクトには、当社にとって2つの大きな課題があった。

1つめは、「モロッコでの経験がなかったこと」である。我々には、同じ北アフリカのエジプトやチュニジアでのプロジェクト経験は豊富にあったが、モロッコでの経験はないに等しかった。

2つめは、「短納期かつ、低予算であったこと」である。このプロジェクトは当事業において、欧州進出に打つクサビとして位置付けられていた。つまり、非常に厳しい契約条件で、戦略的に受注した案件であった。

このようにプロジェクトを戦略的に受注することは、決して珍しい話ではない。しかしながら、プロジェクトが修羅場と化した瞬間、これが分水嶺となり、プロジェクトの生死を分けることがある。このプロジェクトもその例にもれなかったといえる。

三重苦に見舞われプロジェクトが大混乱に

2003年1月、下請業者B社に発注した鉄骨架台の製作が大幅に遅れた上、「ミッシングパーツ」「鉄骨部材ダブり」「鉄骨部材誤作」の三重苦に見舞われ、建設現場は大混乱に陥った。ここでは、B社を中心に起こった問題の原因を俯瞰して眺めるべく、我々がB社と契約する時点から問題発生までの経緯を振り返る。

2001年5月　契約

当初、我々は鉄骨架台の製作と据付工事を、モロッコの下請業者B社に発注する方向で計画していた。しかし、顧客であるX社は、我々がB社へ発注することについて難色を示していた。B社にはX社への納入実績がなかったからである。我々の調査では、B社はX社への納入実績こそなかったが、ここ数年で類似プロジェクトをいくつか経験している中規模の新鋭企業である。我々もB社に対する発注経験はなかったため、その点において手探りであったことは否めないが、最終的に「B社は信頼に足る」と判断していた。

X社は我々に対し、同じモロッコのA社に発注するようアドバイスしてきた。A社はモロッコ有数の大企業であり、X社への納入実績も豊富であった。我々は、この2社を相手に契約交渉を開始した。A社は交渉において、自らの考えやポリシーを強く主張してきたため、契約交渉は難航した。一方、B社は「何でもやります！」と常に前向きな姿勢を見せてきた。最終的に、X社のアドバイスを考慮して、プロジェクトの肝である焼成関係をA社に、その他のパートをB社にそれぞれ発注した。

2002年3月　工作図作成スタート

契約から10カ月後。我々はA社とB社に設計図を渡し、いよいよ彼らが工作図作成をスタートするフェーズとなった。しかしながら、この時点で1つ問題があった。設計図を渡すタイミングが、当初の計画より大幅に遅れてしまったのだ。これに対し、A社は「これでは約束の納期は守れない！」と執拗に納期延長を迫ってきた。一方、B社は「我々にとっては問題ない！」と余裕の顔を見せた。

その後もA社からは設計図に関する質問が山ほどFAXで飛んできた。そして、必ず「今週中に回答をもらわないと、約束の納期は守れない！」と主張してくる。一方、B社からは設計図に関する質問がほとんど来なかった。さすがに不安に感じた我々は「大丈夫か？」と電話やFAXで何度も聞いたが、彼らの答えは「ノープロブレム！」の一点張りであった。

2社の対応は本当に対象的であった。我々はこの対応を見て、「A社は納期遅延の言い訳を必死に探しているような気がする。一方、B社は本気でこのプロジェクトに取り組んでいるようだ」ととらえていた。

2002年7月 工作図の提出拒否

工作図作成スタートから4カ月後。この時に至っても、A社もB社も工作図を提出して来なかった。日本にいた我々には、はるか遠いモロッコにおける2社の進捗状況を把握するためには、工作図の存在は不可欠であり、再三提出を求めた。しかしながら、A社は「我々は、鉄骨架台の製作と据付工事を一括で受注している。仮に工作図の作成が遅れ、鉄骨架台の製作が遅れても、我々の責任で遅れを吸収する。したがって、工作図を提出する必要はない！」と、提出を拒否してきた。B社も「特殊なCADソフトを使用しているため、工作図としてアウトプットするのは困難である。だから、工作図は提出できない！」と、これまた拒否してきた。

この点については、日本にいた我々も疑念を感じ、すぐさまモロッコへ飛んで、2社の工作図作成状況を確認することを考えた。しかし、「モロッコ有数の大企業A社でさえ、工作図を提出していない」とか「計画外の出張は予算上、許可が下りにくい」といった状況を勘案して、「じつはこれがモロッコの常識なのではないか」「別にモロッコに確認に行くほど、大そうなことではないのではないか」という認識に、自然と帰着してしまった。結果的に、モロッコ出張は見送り、「2社のお手並みを拝見しよう」という選択をした。

2002年9月　命運の分かれ道

それから2カ月後。A社は相変わらず工作図を提出して来なかったが、工場では鉄骨架台の製作を順調に進める姿をうかがうことができた。A社のエンジニアは、我々が送った設計図を正しく理解し、自力で工作図を作成していた。一方、B社の工場では様相が全く異なっていた。その直後、B社には工作図を作成できるエンジニアがほとんどいないことが判明した。このため、B社では設計図の疑義解明がほとんど進まず、工作図の作成が滞っていた。我々は即座に、日本人エンジニア1名とフィリピン人エンジニア3名をB社へ派遣することを決断した。日本人エンジニアには、B社のエンジニアの尻たたきと設計図の疑義解明のサポートを、フィリピン人エンジニアにはB社の工作図作成のサポートをさせた。

その結果、質はともかく、非常に短い期間で工作図を完成させ、鉄骨架台の製作に漕ぎつけることができた。

2003年1月　現地工事

それから4カ月後。建設現場ではA社が鉄骨架台の据付工事をスムーズに進めており、当初懸念していた設計図の出図遅れによる影響も見事にキャッチアップしていた。一方、B社の鉄骨架台の据付工事はほとんど進んでいなかった。それどころか、工場から出荷されたはずの鉄骨部材が建設現場で見つからない「ミッシン

A社は据付工事をスムーズに進めていた

グパーツ」、建設現場に同じ番号の鉄骨部材が2つ以上見つかる「鉄骨部材のダブリ」、鉄骨部材が工作図通りに製作されていない「鉄骨部材の誤作」という3つの問題を引き起こし、建設現場は大混乱に陥っていた。一言でいえば、「ミッシングパーツ」と「鉄骨部材のダブリ」はB社の管理能力不足、「鉄骨部材の誤作」は工作図の質の悪さが原因であった。

力わざで最悪のシナリオを回避

大混乱の中、我々が取った方法は「鉄骨置き場のローラー作戦」であった。つまり、鉄骨置き場に並べられた無数の鉄骨部材を1つ1つしらみつぶしにチェックし、部材番号を書き取っていく方法である。これは極めて泥臭い力わざであった。我々は空いている時間を見つけては、鉄骨置き場を練り歩き、部材番号を書き取り、リスト化し、足りない鉄骨部材を確認したら、B社へ即座に製作の指示をする、ということを何度も何度も繰り返した。

ローラー作戦で鉄骨部材を１つ１つしらみつぶしにチェック

そして、鉄骨置き場にあることが確認された部材から据付工事を始めるよう、工程の見直しをB社に指示した。

結果として、このローラー作戦は最悪のシナリオ回避に大いに効を奏した。だが、同時に「B社に再製作を指示した鉄骨部材が、後日鉄骨置き場で見つかった」「ダブりの鉄骨部材の使い方に困った」「せっかく鉄骨部材が見つかっても、誤作であった」「再製作した鉄骨部材の費用について、後日B社とモメにモメた」ほどの新たな問題を次々と生み出した。これらの事態を収束するまでにも、かなりの時間と労力を費やす結果となった。

経験による既成概念と油断は禁物

プロジェクトの肝をつかめ！

本プロジェクトでは、たくさんの教訓が得られた。その中でも特筆すべき2点を以下に述べる。

1つめは「プロジェクトの肝をつかめ！」である。今回、我々全員が当初から「プロジェクトの肝」は焼成関係であるという共通認識をもっていた。このため、焼成関係は実績あるA社へ発注したわけだが、じつは本プロジェクトには、もう一つの「肝」が存在していた。それは「石炭粉砕設備建屋」であった。今回、我々が受注した範囲で、単体建屋と呼ばれるボリュームの大きな鉄骨架台が2つあった。1つが焼成関係のタワーであり、もう1つが石炭粉砕設備建屋である。したがって、これら2つの単体建屋に関する業務をスムーズに進めるのが非常に重要であった。

しかし、我々は焼成関係に目を奪われ、もう1つの肝が石炭粉砕設備建屋であることに、プロジェクト中盤に差し掛かるまで気づかず、B社へ発注してしまった。なぜか？　おそらく、従来から焼成関係に苦労してきた豊富な経験が、結果的に焼成関係をより重視し、相対的に石炭粉砕設備建屋を軽視してしまったのではないか。豊富なプロジェクト経験は非常に有用なものである。しかしながら、時としてその凝り固まった既成概念が我々を「落とし穴」へと誘い込む危険性があることに、大いに注意を払わなければならない。

プロアクティブに手を打て！

2つめは「プロアクティブに手を打て！」である。今回、工作図の提出がなかった2002年7月に何も手を打たなかったことが痛かった。この時点でモロッコへ飛び、B社の工作図の状況を確認し、エンジニアを投入していれば、もう少し違った結果になっていたはずである。さらにいえば、2002年3月の時点で、「ノープロブレム！」と言い続けるB社の姿勢を、もっと疑うべきであった。このとき、すでに問題発生の予兆は出ていた。ここで手を打っていれば、事態はもっと大きく変わっていたかもしれない。

では、プロアクティブに手を打つためには何が必要なのか。それは「なぜ2002年7月の時点で手を打たなかったのか」「なぜ楽観視してしまったのか」「なぜ最悪のシナリオから目を背けてしまったのか」について考えるところからヒントが得られる。たとえば、楽観視した理由としては、実績あるA社も同じように工作図を提出して来なかったことが挙げられる。ただ、実績あるA社と実績のないB社を同じように考えたのは、やはり考えが浅はかだったと、この点については素直に反省せざるをえない。

しかし、問題が顕在化していないケースでは、プロジェクトに計画外の人やお金を投入する判断は本当に難しい。では、ここで必要な能力とは何なのか。それは「先を見通す力」に他ならない。つまり、プロアクティブに手を打っていくためには、このまま何も手を打たないと、この先プロジェクトがどういう状態になるのかを予測する力を身につけておく必要があるのだ。

プロジェクト・マネジャーの経験知を共有化する

では、我々はどうやってこの「プロジェクトの肝」を見抜き、「プロアクティブ」に動くための「先を見通す力」を身につけていけばよいのか。ポイントはやはり経験にある。しかしながら、1人が経験する量には限りがあるし、そもそも「経験が重要」という言葉は、成長著しい若手リーダーが台頭するチャンスを阻害してしまいかねない。だから、私は今後、先輩達の貴重な経験を共有化する場や各種データベースの活用が、優れたプロジェクト・マネジャーを短期間で育成するキーとなると考えている。

また、問題発生の兆候をつかむ仕組みにも改善の余地がある。巨大プロジェクトでは、管理者がすべての状況を細かく網羅的に把握することは非常に難しい。だからこそ、プロジェクトの肝をしっかりとつかんだ上で、W

BSをベースとした予実管理の仕組み、つまり、問題発生の兆候をタイムリーにキャッチできる仕組みを構築することが不可欠となる。そして、問題発生の兆候をとらえ、このまま何も手を打たないとマズいと感じたら、迷わず「プロアクティブ」に手を打つことこそが、プロジェクトを成功へ導くために重要ではないかと考えている。

私は本プロジェクトを通して「プロジェクトの肝をつかめ！」と「プロアクティブに手を打て！」という2つの教訓を学んだ。現在、社内のプロジェクトマネジメント教育に従事しているが、受講者に対しては、この2点を特に強調して伝えるよう心掛けている。

最後に、本プロジェクト完遂の数年後、当社はこの工場の真横に全く同じ工場を増設するというプロジェクトを受注した。そして、我々の苦い経験を糧に、これを引き継いだ方達が、そのプロジェクトを見事成功へと導いてくれたことを付記しておく。

〈略歴〉　北林孝顕（きたばやし・たかあき）

1995年早稲田大学卒業、同年川崎重工業㈱に入社。海外向けプラント案件で土建設計業務に従事。2005年に本社現部門へ転籍。現在は社内プロジェクトマネジメント教育と製品開発プロジェクトのPMコンサル業務に従事。

米国オレゴン州PE（CIVIL）&PMP、技術士（経営工学部門）、一級建築士、VEスペシャリスト、PMスペシャリスト。

2010年神戸大学MBAコース修了。現在、神戸大学大学院 経営学研究科後期課程に在学中。専攻は管理会計、製品開発論。

製品開発

12

新技術をどうお客様に理解してもらうか

魔法の技術「冗長方式」を採用した64キロビットDRAMの開発

馬場　文雄
元・富士通VLSI株式会社取締役

冗長方式は歩留まりを飛躍的に高める

不良品を良品に変える魔法の技術、「冗長方式」をＤＲＡＭで初めて実用化したプロジェクトを紹介する。

ＤＲＡＭとは、パソコンのメインメモリなどに使われる重要な半導体記憶チップである。１９７０年頃に１つのシリコンチップ上に１０２４個の記憶素子が載った「１キロビットＤＲＡＭ」が初めて市場に登場した。以来、激しい勢いで技術が進歩し、飛躍的に集積度（チップ当たりの記憶素子数）が高くなったが、それにともなって製造技術も難しくなり、歩留まり（チップの良品率）が低下するのが大きな問題になっていた。

そこで、１９７９年に世界で初めて良品率を飛躍的に高める「冗長方式」を採用した64キロビットＤＲＡＭの開発に着手したのだ。

冗長方式を採用した64キロビットDRAM

限界がある微粒子の除去

64キロビットDRAMは、小指の爪くらいの大きさのチップに65536個の記憶素子とその制御回路を搭載しているが、良品になるためには、それらがすべて正常に動作しなければならない。ところが、記憶素子も制御回路も3ミクロン（1000分の3ミリ）という、とても微細な寸法でできているので、製造工程中に空気中に漂う数ミクロンの微粒子がチップに付着しても、素子や回路に欠陥を生じてしまう。当然のことながら6万5000個余りの記憶素子のうち1個でも動作不良となれば、チップは不良品となる。

当時の製造技術では、これほど小さな粒子を完全に取り除くことはできなかった。また、メモリの集積度が高くなるにしたがって、加工寸法が微細になり、チップ面積も大きくなっていくので、チップの歩留まりはどんどん下がっていった。これが原因で製造コストを悪化させ、無視できない問題になっていた。

微細な粒子のせいで歩留まりが低下するとはいえ、あと一歩で良品になる、つまりチップ上に1個か2個しか欠陥がないものは意外と多い。そこで、チップ上に予備の記憶素子（冗長メモリ）を搭載し、欠陥素子部分と切り替えることで歩留まりを改善しようという提案が業界の中で出てきた。このビジネスに勝ち抜くためには、なんとか歩留まりを上げ、製造コストを下げなければならないので、私たちもこのアイデアに跳びついた。

新しい技術を採用すべきかどうか

今まで経験のない技術なので、必要となりそうな要素技術について予備調査を行い、技術的にはできそうな感触を得た。また、過去の不良品を使って欠陥の発生状況を分析し、そのデータをもとにこの技術を使えばどの程度歩留まりの向上が見込まれるかを予測してみた。その結果、計算上はかなりの歩留まり向上が見込まれることがわかった。一方で、他社に採用実績がない、欠陥を含んだチップの信頼性データがないなどの不安材料もあった。予備の記憶素子やその制御回路など余分なものをチップに搭載するため、本来の良品についてもわずかながらコストが上昇することも不安要因だった。このため、大量生産する製品にこの技術を採用すべきかどうか、大きな決断を迫られた。

最後は、このビジネスを勝ち抜くために、他社に先駆けてコスト競争力を高めたいという上司の強い意思により、冗長方式の採用が決まった。私たち現場の設計者たちも、世界に先駆けて新しい技術に挑戦できる喜びと、この技術があれば他社に勝てるぞ、というわくわくした気持ちでこの決定を受け入れることができた。

開発するも顧客の信頼は得られず

冗長方式を実現するには、チップ内に以下のような技術を必要とする。

・欠陥記憶素子と切り替えるための予備の記憶素子
・欠陥記憶素子の位置を記憶するための素子
・欠陥記憶素子と予備素子を切り替える制御回路

これらの要素技術の開発は、信頼性とコストを意識して、以下の2つの方針にそって行われた。

①欠陥のある記憶素子を内包しているが、従来と全く同じ信頼性を確保すること

②従来の製造工程、試験設備などを全く変えないでできる設計とすること

欠陥素子の位置記憶のためには、従来工程で使われていたポリシリコンという材料をフューズとして使用して、電気的に焼き切る方式を採用した。安定に切断でき、その後も信頼性に影響する変化が起きないフューズ形状と切断条件を見つけるために、試作品を作ってフューズ切断実験を繰り返したが、なかなかきれいに切れる条件が見つからない。一見切れたように見えても不安定だったり、切れてないようでもダメージを受けて切れかかったりする。製造条件のバラツキにより、フューズの幅や厚みも変化するので、一定範囲内のバラツキにも耐える条件を見つけるのが大変だった。

他の設計者たちがDRAM本体の回路設計を行っているかたわらで、毎日条件を変えては、ポリシリコンの切断を繰り返しながらデータを取る日が続いた。最後はフューズ切断時のポリシリコンの熱解析計算まで行って最適フューズ形状、切断条件を決めた。

冗長を行うための制御回路の開発では、他の回路にもまして安定な動作と高い信頼性を必要としたが、全く経験がなかった。そこで、製造技術開発部隊とも相談しながら、設計グループみんなで議論を戦わせ、手探りで開発を行った。結果として、その後の冗長方式にも有効となる特許を含んだ、素晴らしい制御回路を作り上げることができた。

こうして、世界で初めて冗長方式を採用した量産レベルのDRAMを開発し、量産を開始した。しかし、顧客は欠陥を内包している製品の信頼性に漠然とした不安を抱き、技術的な説明や実験データだけではその不安をぬぐい去ることができなかった。さらに、顧客の不安を肌で感じた営業も反対するに至り、64キロビットDRAMでは冗長機能を使った製品の出荷は断念、冗長機能不使

用の、いわば「完全良品」のみを出荷することにした。

256キロビットDRAMで冗長方式を実用化

64キロビットDRAMでは冗長方式の機能を搭載していながら、それを生かした製品化はできなかった。しかし、このデバイスを使って大量の信頼性データを取得することができたことが、次の世代の256キロビットDRAMでの冗長方式の早期普及に大きく役立った。

理論上は、冗長方式の信頼度は従来製品と遜色がないはずだったが、顧客の不安を取り除くのが大変で、どうやって顧客に安心してもらうのか悩んだ。顧客の不安の1つは、欠陥のある記憶素子を含んでいる製品は、欠陥を含まない製品よりも平均的に品質が低いのではないか、というもの。もう1つは、欠陥素子に隣接した記憶素子も欠陥の影響を受けて信頼性が低くなるのでは、というものだ。このような不安に真正面から応えるのは大変難しく、論理的、表面的な技術の説明だけではなかなか納得してもらえない。長年の経験から来る顧客の直観的な不安は、簡単にはぬぐい去れなかった。

最終的には、不安を解消するには、ひたすら愚直に実験データを積み上げるしかないとの結論に至った。大量生産を行っている64キロビットDRAMの不良品を使い、冗長回路を働かせて作った「冗長良品」を大量に作って、信頼性試験のデータを積み上げた。そして冗長回路を働かせない「完全な良品」の信頼性データと比較して、なんら遜色がないことを確かめた。

実際の量産デバイスを使った大量のデータは、顧客に対しきわめて説得力のあるものとなった。やがて顧客の中から、採用を前提に、256キロビットDRAMでの同様の比較実験を行ってくれるところも現れ、徐々に採用が広がっていった。信頼性に差がなければ、歩留まりが上がり製造コストが下がるこの技術は、顧客にとっても低価格化や安定供給につながるので歓迎された。

冗長方式を使ったDRAMの採用が広がるにつれて、

市場での安心感が広がっていき、それがさらなる採用拡大へとつながり、これが当社256キロビットDRAMの大躍進につながった。やがて、他社も同様の技術を採用し始め、今ではこの技術はすべての大容量メモリに採用されており、冗長方式なしではメモリ製品は語れないほどの重要技術となっている。

プロジェクトから得た気づき

このプロジェクトは、技術的に1つのブレークスルーを実現したという意味で思い出深いだけでなく、以後の開発人生の中で、私の考え方の指針となるような気づきがあった点でも印象に残っている。以下に私の気づきを紹介する。

明確な目標、チャレンジする楽しさ

予備実験や机上計算ではうまくいくように見えても、量産実績の全くない技術の採用には正直不安があった。それにもかかわらず、設計チームのメンバーはわくわくする気持ちを抱いて開発に取り組んだ。実際に、プロジェクトがスタートすると思わぬ問題にもたびたびぶつかり、長時間残業や徹夜を余儀なくされる事態となった。このように肉体的には大変だったのだが、それでもメンバーは高いモチベーションを維持してやりぬくことができた。今思い出しても、むしろ楽しかった思い出ばかりが浮かんでくる。

なぜ楽しかったのだろうと考えた時、理由として思い浮かぶのは以下の2つだ。

1つは「目標が明確」だったこと。この技術を使えば歩留まりを大きく改善できる。その結果として他社との競争に勝ち抜くことができ、うまくいけばDRAMビジネスの世界を制覇できるかも知れない、そんな目標だった。技術者にとって、こんなにわくわくする、幸せなことはない。どんなに大変でも、その苦労が報われるからだ。

2つめは「新しい技術への挑戦」だ。たしかに新しい

がゆえにリスクもあり、不安もある。しかし、技術者として全く新しい技術に挑戦できる機会はそれほど多いわけではなく、それに挑戦できることは大きな喜びだ。まだだれも製品化していない技術を世界で最初に実現するんだ、という気持ちは技術者を奮い立たせる。当時のプロジェクトメンバーは30歳前後の若い人が多かったので、挑戦意欲はとても強く、また失敗への恐れはあまりなかった。つまり、新しい技術に挑戦できることを素直に喜び、やりがいを感じることができたのだ。

未熟なPM技術を救ったチームワーク

いま振り返れば、当時は現在のようなプロジェクトマネジメント（PM）手法について全く知識がなかった。それでもプロジェクトを進める必要上、我流でプロジェクト管理を行っていた。すなわち、目標を決め、スケジュールをたて、メンバーを決めてスタートさせた。しかし、計画全体がいい加減なため、必ずといっていいほど計画通りには進まず、たいていは大幅に遅れた。当時はそれを半ば当たり前のように思っていた。厳しい開発競争の中で、開発期限を守ることへの強いプレッシャーがあったにもかかわらずである。

そんな中でPM技術の未熟さを救ったのは、チームワークだった。当時のチームは皆若く、突出した人もいなかったせいか、誰もが自由に意見を言える雰囲気があった。特に残業時間ともなると誰かの机のまわりに数人が集まってきて、よく技術論を戦わせた。そして遠慮のない本音の意見をぶつけあう中からいろんなアイデア、工夫が生まれていった。この時、上述したように、目標がはっきりしていたのも、チームとしてのモチベーションを高めるのに役立ったようだ。高い目標に向かってみんなで一緒に走っているという感覚があった。そして、その中から目標を達成できそうな雰囲気が生まれた。上司も時には厳しいことをいうが、おおむね私たち若いチームに任せてくれた。自然発生的に理想的なチームワークができていたようだ。無論厳しい企業間競争の中で、プロジェクトを確実に成功させることが求められる今日ではＰＭ手法は必須だが、それに加えていかに強固なチームワークを作れるかが、プロジェクト成功の大きなカギとなると確信している。

顧客に納得してもらうことの難しさ

新しい技術を製品に適用する時に、顧客の同意を得るのはなかなか難しい。多くの顧客は過去に新しい技術や材料の採用でのトラブルを経験している。とくに信頼性にかかわるトラブルは、製品が最終顧客に渡ってから起きることが多いので深刻だ。冗長方式は従来不良品として捨てられていたものを利用する技術なので、顧客は信頼性に関して漠然とした不安を抱いていた。

そんな顧客に納得してもらうための一番の方法は、やはり製品を用いての大量の信頼性データを取得することだった。これが実際の使用実績に一番近いものだったからだ。今回はそれが可能な状況にあったが、ふつうはなかなか難しい。しかし、いかに製品に近いレベルでのデータを積み上げるかが新技術を普及させるための重要なポイントになると思われる。もう1つのポイントは、顧客との信頼関係構築だ。顧客の不安に真摯に耳を傾け、必要な情報を提供するなどして顧客の信頼が厚くなってくると、顧客も前向きになり、信頼性評価などで協力してくれるようになる。1社でも製品採用が決まり実績ができれば、それが他の顧客での採用へと広がる可能性が高いので、このような顧客との関係構築は重要だ。

今回の事例を通して、「この技術は十分データをとって確認したので問題ない」というようなメーカー側の論理を押し付けるのではなく、顧客の不安を顧客目線で解消する努力の大切さを教えてもらった気がする。

〈略歴〉 **馬場文雄**（ばば・ふみお）

1971年東京大学工学部電気工学科卒業。同年富士通㈱入社、半導体の設計・開発を担当。

2005年富士通ＶＬＳＩ㈱取締役、2009年退職。

13

三遊間を埋めよ

社長をリーダーとする改革プロジェクト

池田　修一
富士ゼロックス株式会社
SE部門PMO長

「プロジェクト憲章」を提案

A社は電気設備機器を製造・販売している製造業であり、国内外において大きなシェアをもっていたが、最近では、新興諸国の台頭によるグローバルレベルでの競争が激化してシェアを落としており、その中で競争に打ち勝つためには、強い商品開発および販売強化が求められていた。

課題としては以下の3つである。

①コスト構造の改善
②新商品の早期投入
③アジア市場のマーケティング強化

この課題に対応するために社内の改革が急務となり、社長をリーダーとした改革プロジェクトが立ち上がった。特に「設計開発改革プロジェクト」では、上記の課題のうち、①②に対応した業務プロセスの改革を行う必要があり、以下のプロジェクト概要となる（図1）。

図1　プロジェクト体制

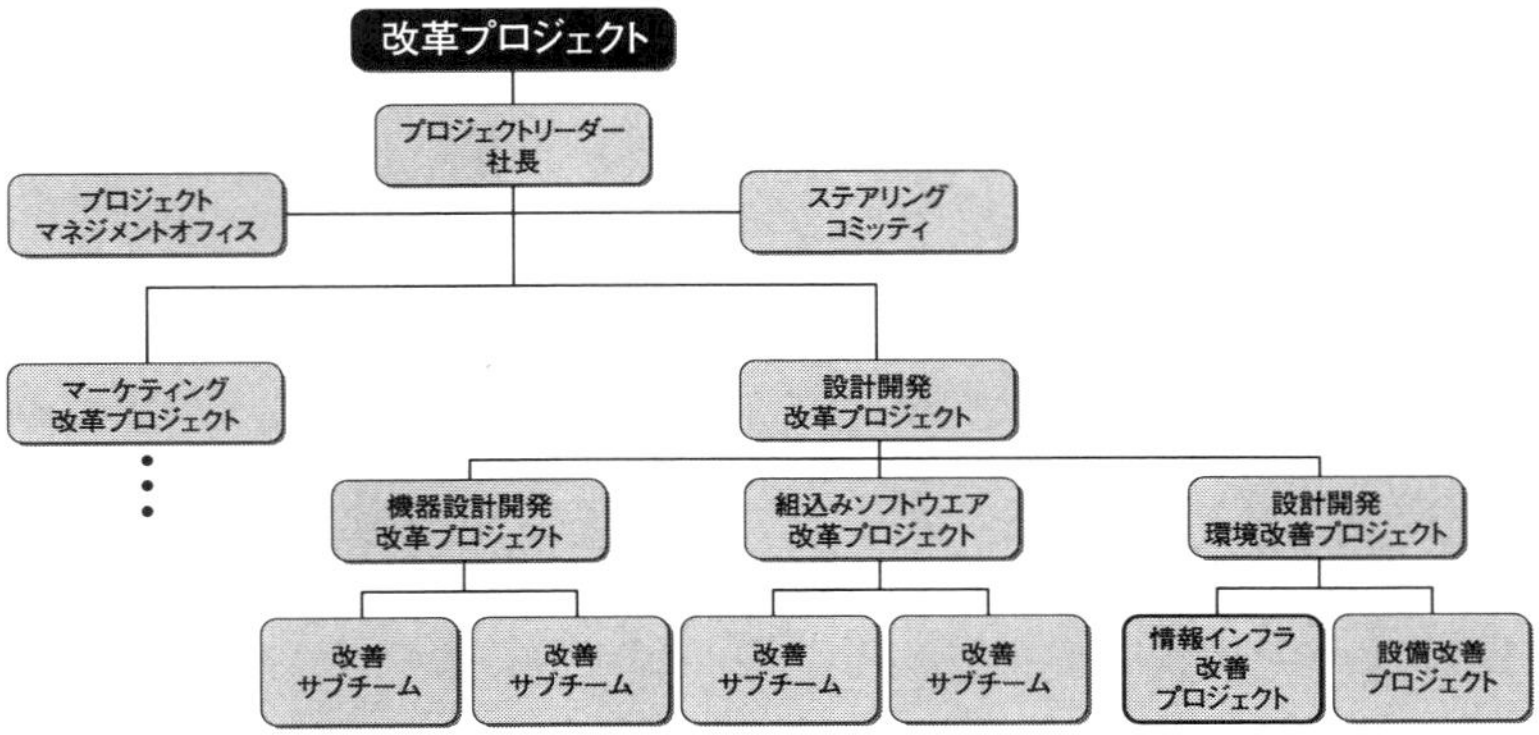

【設計開発改革／プロジェクト目標】

・コスト削減（現製品の80％）
・量産までの開発期間の短縮（現製品の2／3の期間）

この目標を達成するために、各設計開発プロセスの改革・改善を行う。

【プロジェクト期間】

・2年

【プロジェクト内容】

〈機器設計開発改革プロジェクト〉

機器のハードウエアに関する改革プロジェクトであり、コンカレント・エンジニアリングの実現による開発期間の短縮、開発初期での品質の作り込みによるフロントローディングの推進によるコスト削減を目指す。

〈組込みソフトウエア改革プロジェクト〉

この業界においてはハードウエアが技術のメインであったが、最近では機能向上のための組み込みソフトウエアの依存度が高くなり、「組み込みソフトウエアを制するものは業界を制する」ともいわれ、ソフトウエア技術者の育成、設備の強化など、社内で最も力を入れてきた技術分野である。しかし、生産性は機器設計開発に比べると悪く、またオフショア開発の増加により品質問題も多い。よって、ソフトウエア開発プロセス全体の生産性の向上、品質向上を目指した。

〈設計開発環境改善プロジェクト〉

設計開発部門が現在利用している老朽化した建物、新規開発に伴う研究設備、情報インフラの整備等の設計開発に関する環境を再構築するプロジェクトである。また、再構築についてはこれまでよりも設備・運用費用を削減させて、開発全体の経費を削減させることも考慮する。

このなかで、私が支援したのは設計開発環境改善プロジェクト内の「情報インフラ改善プロジェクト」であり、設計開発の情報インフラの再構築（サーバー、ネットワーク、基幹システム、業務アプリケーション）の一部を任された。

このチームでは、特に設計開発部隊が、新規開発を行うために適した最新の情報インフラ環境を提供するとともに、設備・運用費用の削減がミッションであった。自分がこのプロジェクトに参画した時点では、すでに全体の改革プロジェクトは開始されており、情報インフラ改善プロジェクトの「プロジェクト憲章」を自ら作成し、担当となるステークホルダーに対して提案して承認をもらった。このプロジェクト憲章の中では特にスコープ、プロジェクト・マネジャーとしての権限およびリソース（費用、人的リソース）などの基本的な項目のほかに、ある程度自分が上位のプロジェクトに対しても自由に活動できることを含めた記述を追加した。上位プロジェクトからプロジェクト憲章が出てくる前に、先行してプロジェクト憲章を提案することにより、積極的にプロジェクトに参画するという姿勢を見せたかった。

その後、情報インフラ環境の構築であるためにそれほど大きなリスクがないだろうと考え、一般的なフェーズ（要件定義、設計、構築、テスト、移行、運用）に基づいたプロジェクト計画を作成し、関連部門の承認を得た。

以下、情報インフラ改善プロジェクト計画内容。

[スコープ]

・情報インフラ構築（要件定義〜運用）
・プロジェクトマネジメント

[制約条件]

・期間　1年6カ月
・予算　上位プロジェクトの計画から配分された予算
・要員　社内・社外メンバー

[前提条件]

・業務プロセス改革そのものには関与しない
・上位のプロジェクトの推進は行わない
※この後に説明する上位のプロジェクト課題から多少の影響を受ける可能性があったので、さまざまな前提条件を盛り込んだ。

多くのリスクを抱える

情報インフラ改善プロジェクトとしてプロジェクト開始時点でいくつかの課題を抱えていた。課題というよりはむしろリスクかもしれない。

・上位プロジェクトの進捗

上位プロジェクトである「設計開発改革プロジェクト」の進捗が情報インフラ改善プロジェクトに影響を及ぼす。

・戦略変更に伴うスコープ変更

業務プロセス改革は会社の中期戦略に沿ったプロジェクトであるが、年度ごとに戦略が見直されるために戦略の変更が発生する可能性があり、それによりスコープ変更が予想される。

・予算確保

プロジェクト予算は年度ごとに予算化されるが、会社業績の影響により途中で削減等され、プロジェクト後半で予算が確保できなくなる可能性がある。

・関連するステークホルダーが多い

ステークホルダーとしては、改革プロジェクトメンバー、役員、外部パートナー、開発設計部門となり多くのステークホルダーを抱える。設計開発部門では約350人が何らかの形でプロジェクトに関わっている。

これらの課題（リスク）についてはプロジェクト担当のステークホルダーに十分に理解してもらい、プロジェクトを進めることとした。本来であれば事前に対応計画を立てておくべきがあるが、戦略にからむ課題であり、また上位マネジメントレベルでの対応になるので、我々のレベルではどうすることもできなかった。

スコープが拡大し予算も確定せず

プロジェクトを進めていくにしたがい、問題（リスク）が次々と発生した。（図2）

図２　スコープ拡大／予算確定遅延

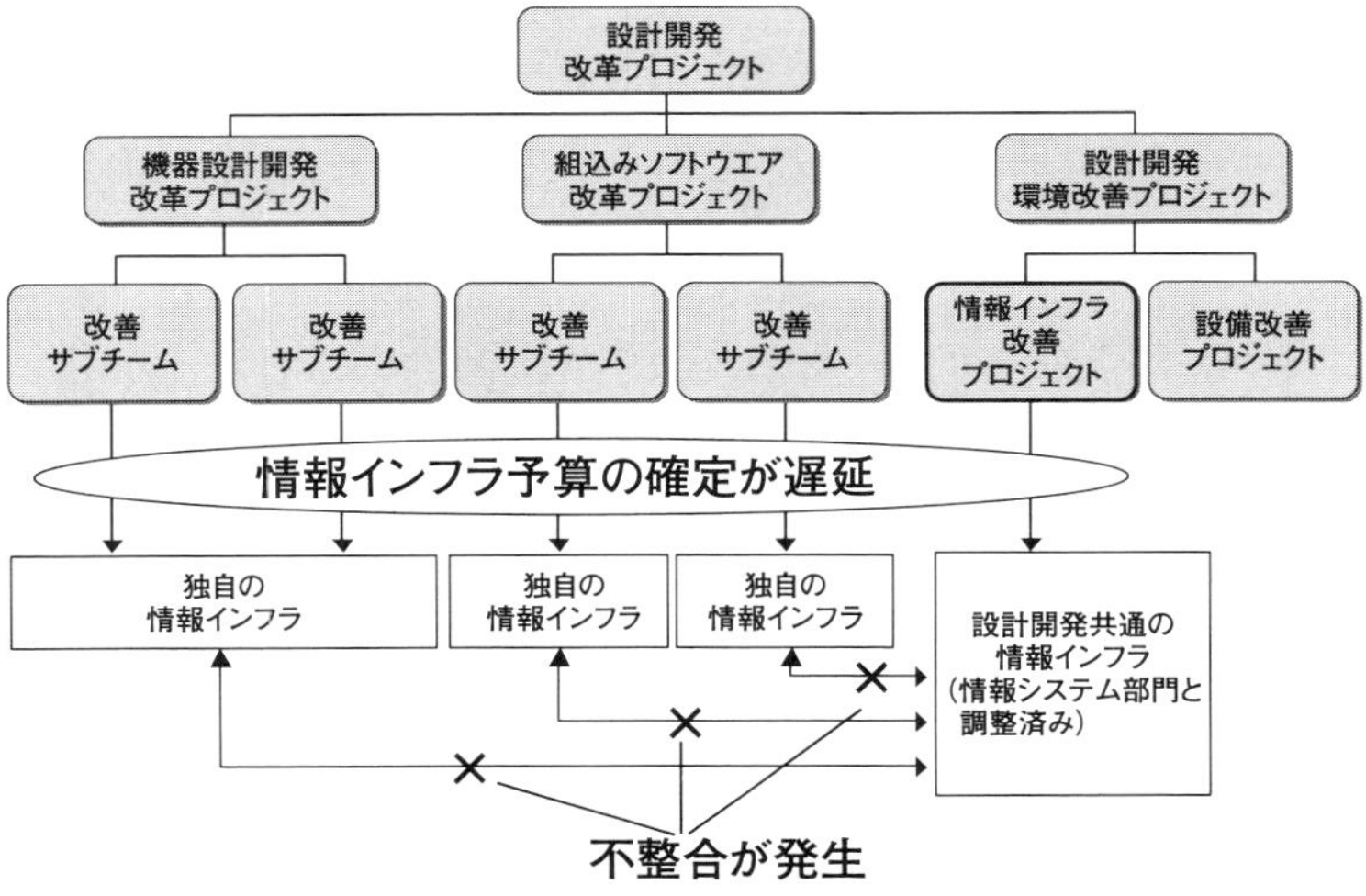

①スコープ拡大

「設計開発環境改善プロジェクト」と並列する「機器設計改革プロジェクト」、「組込みソフトウエア改革プロジェクト」においても、プロセスを改革するために関連する情報インフラの改善を検討していることがわかり、独自に情報インフラが構築されて、システム間の不整合が発生する可能性があった。我々が担当する「情報インフラ改善プロジェクト」では、プロジェクト開始時に情報システム部門と開発設計部門の情報関連スタッフ間ですでに情報インフラの要件はほとんど確定していたが、他のプロジェクトからの要求を含めた全体の要件の統制を取る必要が出てきた。

②予算確定の遅延

上記のスコープ拡大の問題により、プロジェクト間での情報インフラ要件の再調整をすることとなり、情報インフラ予算は再検討となった。

③設備費用削減方針が決まらない

情報インフラの再構築においては「設備・運用費用削減方針」に基づいて予算化および計画を行う必要があるが、方針の策定が遅れていた。これは会社全体としての費用を削減するための共通の指標がなく、またこの指標を決める役割をもった部門およびメンバーがアサインされていなかった。

④承認を得るのに時間がかかる

プロジェクトに関する決定事項や承認については多くの機能部門（本社、設計部……）がからみ、かつ承認プロセスが複雑であるために時間がかかった。このために要件定義や設計の活動ではなく、承認活動そのものがクリティカルパスになることもあった。

⑤戦略変更（組織変更）が発生

半年が過ぎた時点で戦略変更に伴う組織変更が発生し、スコープ、スケジュールの大幅な変更が発生した。

特にスケジュールに関してはカットオーバーが一部早まり、これにも対応しなければならなかった。

これらの問題に対して、上位のプロジェクトにエスカレーション（上申）して対応の要請をしたが、リソース不足などの理由により解決できないまま全体プロジェクトが遅れ始めた。

上位プロジェクトの課題は自分たちの課題

これが受注側プロジェクトであればプロジェクト計画の前提条件に従って、スコープ拡大や納期変更などについての予算の追加は発注側に要求できるのであるが、このプロジェクトは企業内プロジェクトであるために、上位のプロジェクト課題は自分たちの課題としてとらえる必要があった。よって、自分たちができるところは積極的に上位プロジェクトを支援していくことにした。

これまでのプロジェクトの問題・課題を整理すると以下の通りとなる。

①成果（ベネフィット）の達成

情報インフラ構築は手段にすぎず、プロジェクト全体が、目標である「コスト削減」「量産までの開発期間の短縮」という成果への貢献について考慮する必要がある。

②変更への対応

成果達成のための戦略変更、スコープ変更等に迅速に対応しなければならない。（むしろ、積極的に変更を起こさなければならない）

③多くのステークホルダーが関与

多くのステークホルダーがさまざまな形で関与してくるので、それぞれの期待に対応しなければならず、またこれらのステークホルダーと効果的なコミュニケーションが行えるようにする必要がある。

④ガバナンスの調整

組織では決まっていない方針、手続き、プロセスなどが存在し、プロジェクトの進捗に支障をきたす場合があり、必要に応じて策定、調整をする必要がある。

プロジェクト計画当初は、自分たちの情報インフラ改善プロジェクトのＱＣＤを達成すればよいと考えていたが、企業の戦略や既存組織との関連が強く、プロジェクト単独での活動は無理と判断した。このためにプロジェクトより大きなフレームワークでこれらの問題・課題に対処することが必要と考え、これまでのプロジェクト活動をレビューし、ＰＭＩの標準である「プログラムマネジメント」の導入を検討した。（図３）

参考にしたプログラムの特徴は以下の通りである。（図４　ＰＭＩ『プログラムマネジメント標準』第２版）

・プログラムはライフサイクルを通して成果（ベネフィット）をマネジメントしていく

・プログラムはプロジェクトより広いスコープを持つ

・プログラム内部、外部の変更を予期し、マネジメン

図３　ポートフォリオ／プログラム／プロジェクトの関係

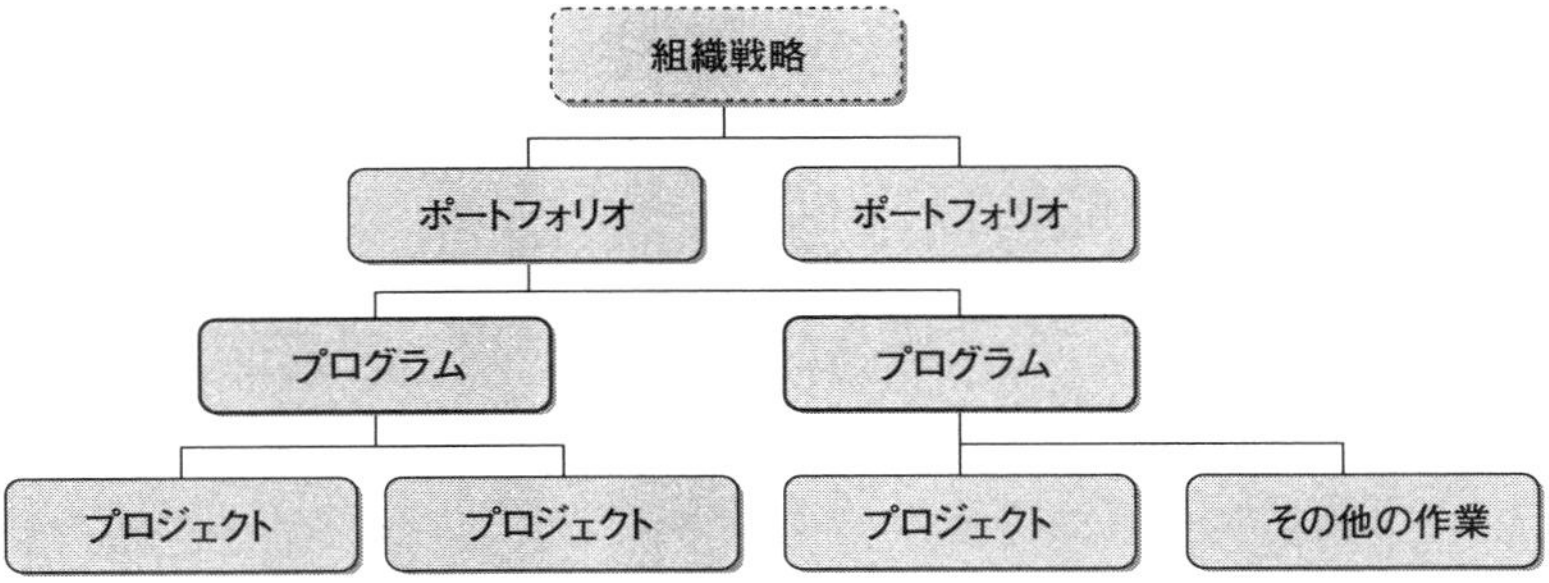

図4　ライフサイクルとベネフィットマネジメント

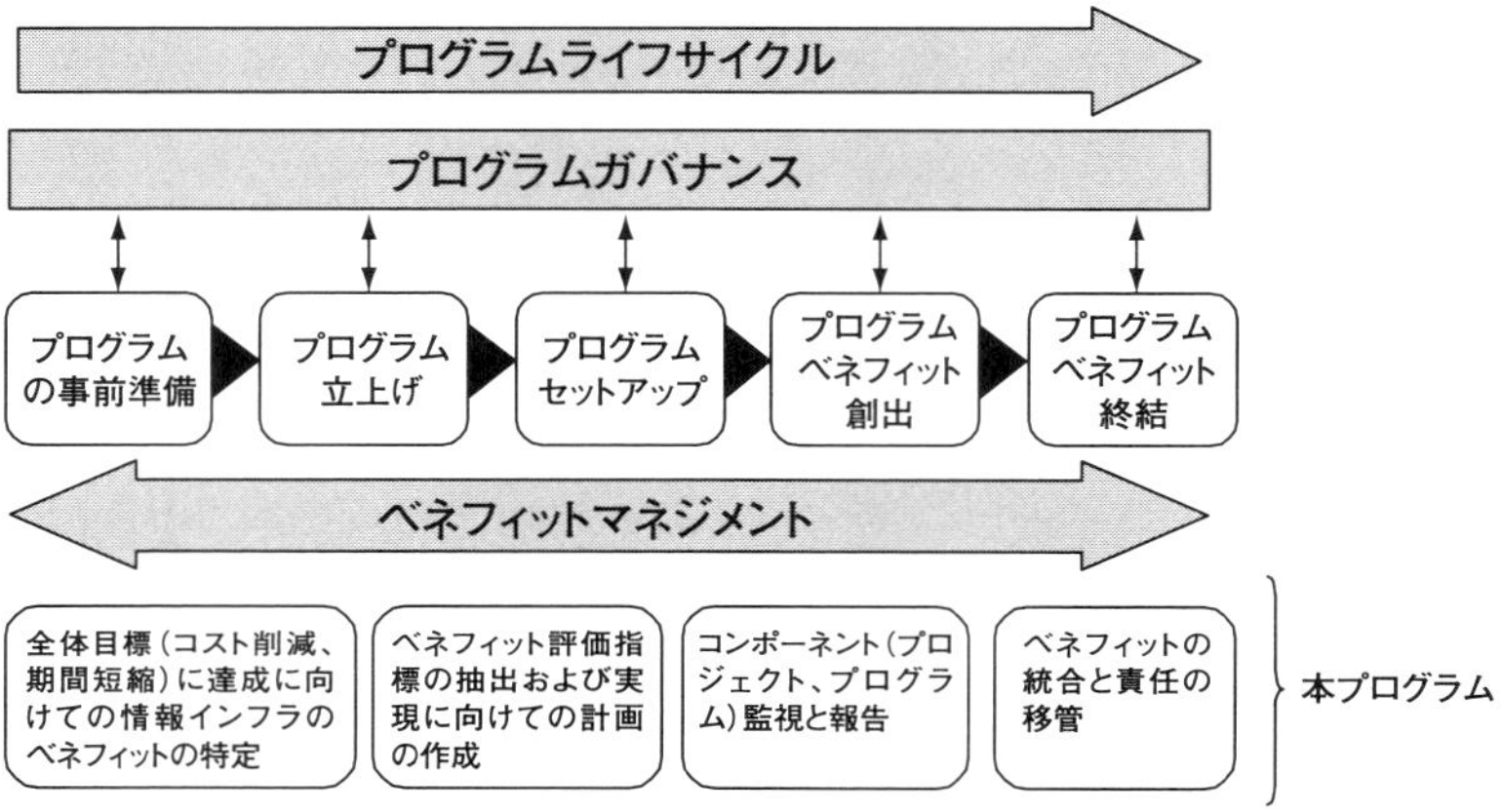

トに備える

検討の結果、プログラムのフレームワークが本プロジェクトに非常に役立つことがわかり、上位プロジェクトを含めた体制の見直しが必要であることがわかった。

改善策をステークホルダーに提案

問題への対応として以下のような改善策をステークホルダーに提案し、承認を得た。

①成果の設定

これまでは情報インフラ構築のＱＣＤの達成が目標であったが、上位プロジェクト目標である「コスト削減」、「量産までの開発期間の短縮」に貢献するために、最適な情報インフラ改善を構築することを目標とした。具体的には「機器設計開発改革プロジェクト」や「組込みソフトウエア改革プロジェクト」に関連した各情報インフラ施策による効果を、ＮＰＶ（Net Present

図5　プロジェクト構造の変更

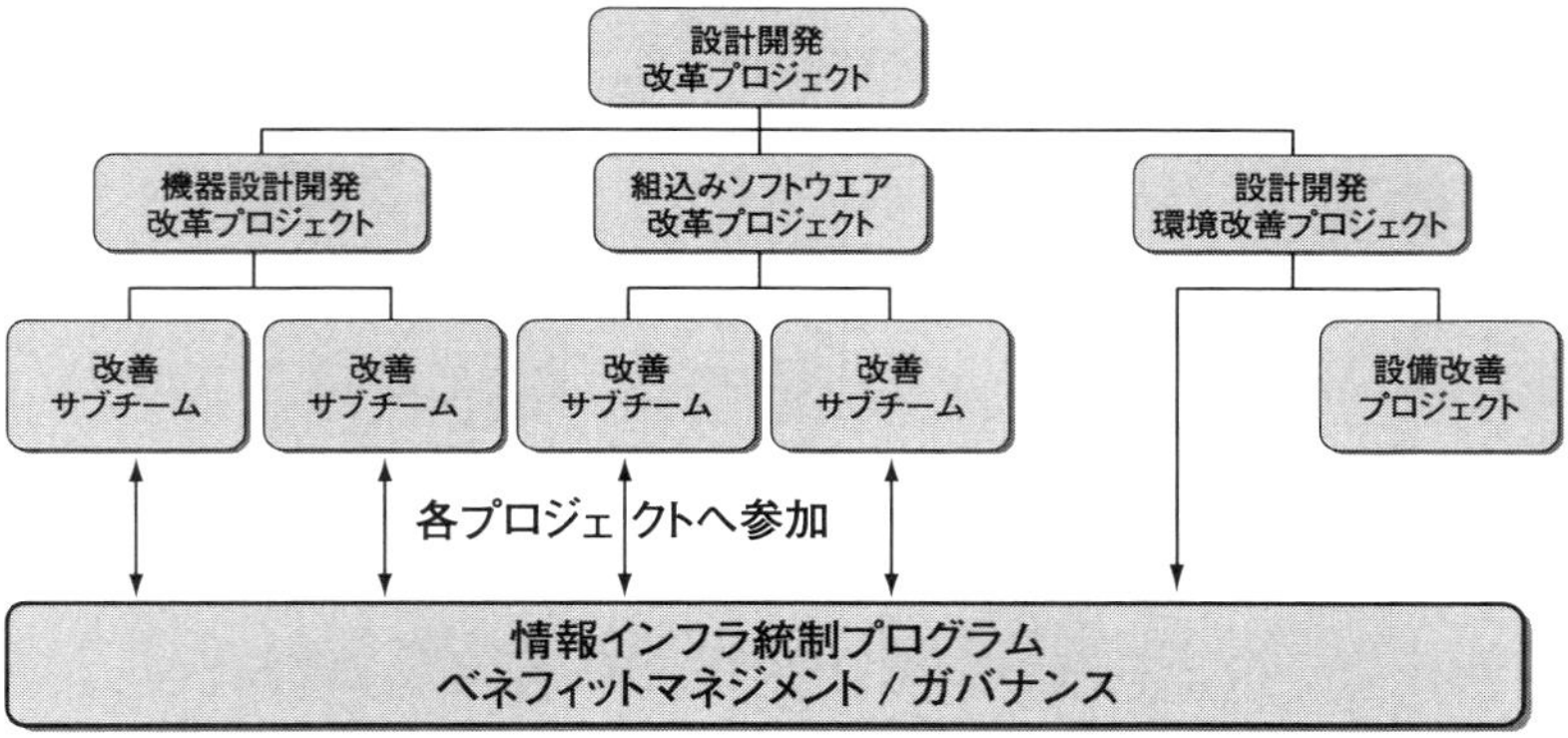

Value：正味現在価値）で統一して、プロジェクト期間を通してこの成果をマネジメントしていくこととした。つまり、この成果を最大化することが自分たちの目標となったわけである。

②スコープの見直し

成果の設定に合わせてスコープの見直しを行った。いままで設計開発部門の情報インフラ改善のみがスコープであったが、他の改革プロジェクトから要求される情報インフラについての取りまとめ役を含めて、以下のようにスコープを拡大した。

・情報インフラに関する方針の策定
・情報インフラ要件の統制
・情報インフラに関する予算の調整　等

③プロジェクト構造の見直し

スコープ同様にプロジェクト構造も図5のような見直しを行った。今までは設計開発改善プロジェクトから指示を受け、また活動報告を行ってきたが、他のプロジェクトとの連携およびコミュニケーションを強化するために、「情報インフラ統制プログラム」として横断したチームを結成し、情報インフラの統制を取れるようにした。

④ステークホルダー・コミュニケーションマトリクス

このようなプロジェクト構造にしたことにより、情報インフラに対応するステークホルダーが情報インフラに関連することだけではなく、各プロジェクトの改革そのものに関わる必要が出てきた。例えば、機器設計開発プロジェクトではCADシステムの改善によりどれくらい開発期間が短縮できるか、図面の標準化によってどれくらいコストが削減できるか、などの改革に関連する議論の場に、情報インフラの立場からの参加依頼が増えてきた。

よって、ステークホルダーをプログラムレベルまで拡げてリストおよびコミュニケーションマトリクスを作成し、コミュニケーションを円滑に図れるようにした。

図6 ガバナンスの設定

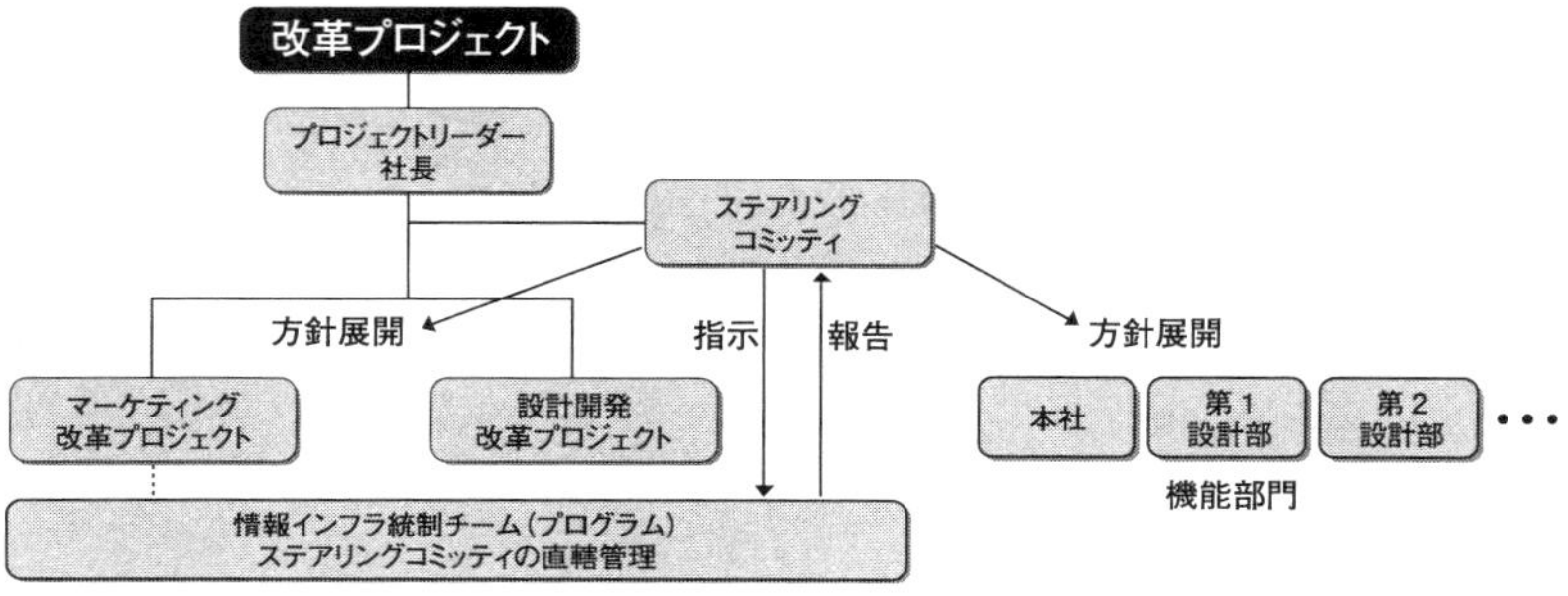

⑤ガバナンス

以前の体制では機能部門を含めた指示、報告、承認系統が複雑であり、コミュニケーションミス、決定事項の矛盾を起こしていたが、プロジェクト構造を変更する際に全体のガバナンスの見直しを行った（図６）。特に情報インフラの方針などを各プロジェクトや機能部門へ展開したり、調整するには多くの時間を要するので、上位マネジメントの支援が必要であった。このために情報インフラ統制チームはステアリングコミッティ直轄の組織にしてもらった。このことにより、上位マネジメントとのコミュニケーションが円滑になり、また他のプロジェクトへの情報インフラに関する方針展開も早くなった。

⑥情報インフラ統制チームのプログラム計画書

以上のようにスコープや体制などが大きく変わったので、プログラム計画書の作成を行い、リソースの再配置を含めてステアリングコミッティで承認をしてもらった。プログラム計画書の内容は以下の通りである。

・プログラム背景・目的
・成果の定義と目標目標
・プログラム・ロードマップ（中期計画）
・ガバナンス（体制、報告承認等の手続き）
・コミュニケーション計画（プログラムレベル）
・リスクマネジメント計画（プログラムレベル）

プロジェクトから得られた教訓

これらの問題に対処することにより無事にプロジェクトを完遂することができ、今回の問題への対応、特に「プログラムマネジメント」の取り組みについては、マーケティング改革のような他のプロジェクトにも適用され、会社のプロジェクト構造が再構築されることとなった。

今回のプロジェクトの経験により得た教訓は以下のとおりである。

図７　改革プロジェクトの構造

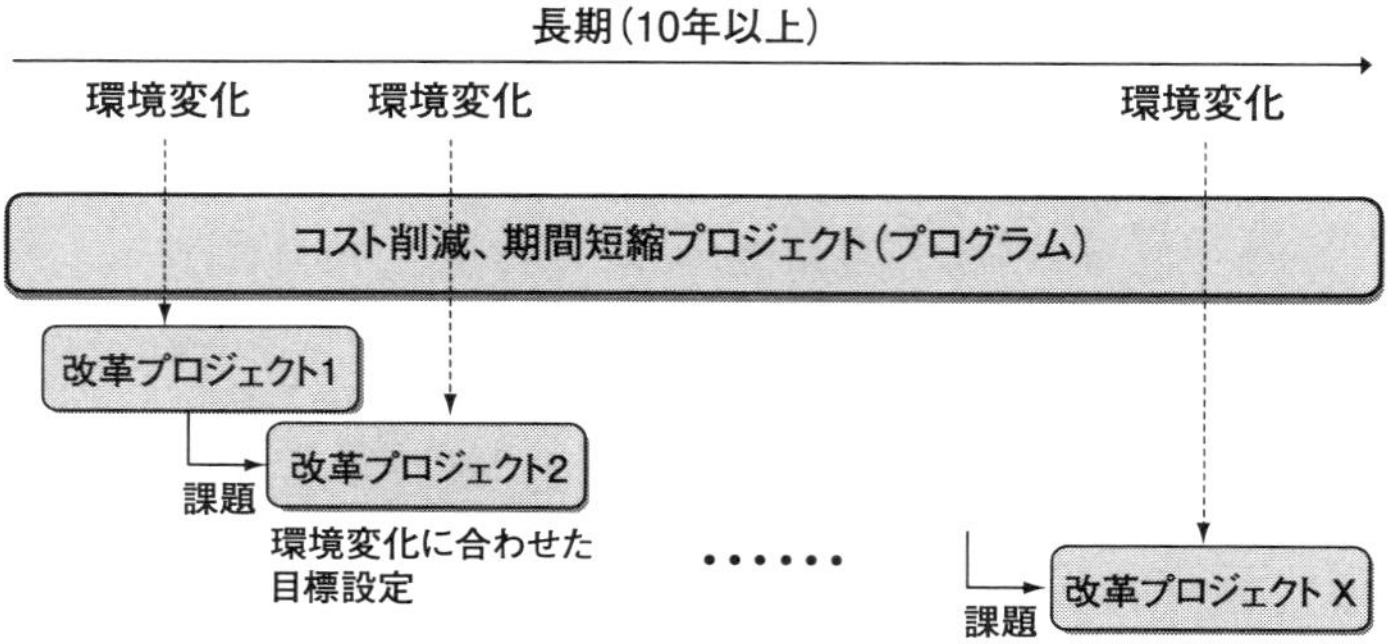

①改革プロジェクトの構造

今回の改革プロジェクトは、コスト削減、期間短縮を目標としているが、この目標は一時的なものではなく、製造業の永遠のテーマである。よって、このような改革を行う場合にはまず長期的な大きなプロジェクト（むしろプログラムかもしれない）を立て、その期間に起きるさまざまな環境変化を考慮し、その変化に対応した改革プロジェクトを立上げる構造にすることにした（図７）。

このような構造にすることにより、プロジェクトが継続的に引き継がれ、プロジェクト課題についてＰＤＣＡをまわすことができ、成熟したプロジェクト活動ができる。

②上位プロジェクトからの影響への対処

今回のプロジェクトでは上位のプロジェクトによる影響をかなり受けたが、下位プロジェクトからいくら改善要求を出したとしても、上位プロジェクトが自ら気づき、自ら変わらないと対処できない。今回私たちは上位プロジェクトに変わってもらうために、以下のような施策を実施した。
・さらに上位のプロジェクトや上位マネジメントなどを動かす
・上位プロジェクトに参加し、問題に気づいてもらい、協業して対処する
・状況に応じてプロジェクト構造を変える

当然、自分のプロジェクトを抱えているので手が回らないかもしれないが、問題の大きさを比較すると、上位プロジェクトがうまくいかなければ自分のプロジェクトにも多大な影響が出るので、上位プロジェクトの問題を先に対応することにした。

③三遊間を埋める

今回のプロジェクトのように複数のプロジェクトの構造になると、必ずといってよいほど三遊間が発生する。三遊間とは、野球の三塁手と遊撃手の間に空いているスペースのことで、その中間にボールが飛んでくると両選手の守備範囲からはずれて捕りにくい。つまり、当初考慮していなかったスコープや変更によって発生する検討項目や作業等守備範囲のすき間に、問題が発生することである。通常ＰＭＯ（プロジェクト・マネジメント・オフィス）のような組織で調整をするのであるが、実際には、活動中のどのプロジェクトに追加されたスコープを加えるべきかでもめる場合が多い。

今回のプロジェクトでは、情報インフラ統制プログラムで「プロジェクト間で発生する三遊間を埋める」こともスコープに入れた。三遊間が必ず発生することを考慮し、あらかじめ他のプロジェクトと協業して対処する取り決めをした。実際に三遊間がいろいろと発生したが、混乱もなく対処することができた。

〈略歴〉　池田修一（いけだ・しゅういち）
製造業の図面・技術文書に関連したドキュメントマネジメントシステムのプロジェクトを担当し、またアウトソーシングサービスのPMを実践。現在はSE部門の組織内のプロジェクト支援、プロセスの標準化・改善、およびPMの育成に努める。PMP。

14

先行メーカーのお尻を蹴飛ばせ！

世界初64ビットマイクロプロセッサ日米共同開発プロジェクト

勝連　城二
パナソニック株式会社
セミコンダクター社参事

サンを超えるワークステーションを開発せよ！

この開発プロジェクトは、パナソニック（旧・松下電器産業）の半導体研究センターと米国ソルボーン社（以下「Ｓ社」）とが共同で、64ビットマイクロプロセッサを開発し商品化するため、３年の歳月をかけたプロジェクトである。

松下として、ワークステーション（ＷＳ）という新成長市場の参入に必要不可欠となる高性能のマイクロプロセッサを開発するという、大きな挑戦でもあった。

１９８６年当時、メインフレームやミニコンで行っていた業務を、低価格で、性能が向上してきたＷＳを１人１人が使うというダウンサイジングの動きが始まっており、ＰＣ市場が伸び悩む中、ＷＳの市場が急激に立ち上がってきていた。ＷＳ業界の競争はしだいに激化し、低価格化、高性能化が進み、ＷＳがコンピュータ技術を牽引していった。

一方、マイクロプロセッサのアーキテクチャにも大きな変化が現れていた。1980年代初め頃から、米国のカリフォルニア大バークレイ校のRISC—Ⅰ、RISC—Ⅱやスタンフォード大のMIPSなど、単純な命令のみで高速なパイプライン処理を行い、これによって、小さな回路規模で高性能なプロセッサのRISC—Ⅲを実現するという研究がなされていた。RISCは、命令セットの種類を減らし回路を単純化してCPUの演算速度の向上を図る様式のことである。

WS業界トップのサン・マイクロシステムズ社（以下、「サン社」）は、当初、モトローラ社の68000系プロセッサを採用していたが、性能要求の高度化に対して、従来のCISC（個々の命令を高級言語に近づけ、複雑な処理を実行できるようにする様式）プロセッサでは限界があると考えていた。そこで、RISC—Ⅱをベースとしたスパーク（サン社が開発・製造したRISCベースのマイクロプロセッサ）プロセッサの開発を開始し、

1988年、富士通のゲートアレイを使った最初のSPARCプロセッサを搭載したWSを投入した。その後、WS市場は、CISCからRISCへと大きな流れができていった。

開発プロジェクトスタート

松下とS社が開発するプロセッサの開発コードは「KAP」と名付けられた。［Kick-Ass Processor］の略で、インテル、モトローラなど有力なプロセッサメーカーの「お尻を蹴飛ばす」高性能プロセッサを意味する。

開発のきっかけは、1986年夏、水野博之常務（当時、後に副社長）が京都大学に博士号取得のため来日していたダグラス・マクレガー氏（後のS社社長）を半導体研究センターセミナーの講師として呼んだことから始まった。水野氏は、10年~20年先はコンピュータの時代であり、総合エレクトロニクス企業の松下でもコンピュータ技術は不可欠と強く思い、技術畑のトップとして、大学との共同開発を模索していた。マクレガー氏は、

高性能マイクロプロセッサとそれを搭載するWSの開発を提案し、松下と共同で米国コロラド州にS社を設立し、松下の半導体研究センターと共同で開発することになった。このような日米共同事業は、松下として前例のない、全く新しい事業開発の挑戦であった。1987年1月、國信茂郎氏を開発のプロジェクト・マネジャー（PM）とし、WS担当の技術者とともに松下の技術者12人が渡米し、S社でマクレガー氏等とともに、共同開発をスタートさせた。

マイクロプロセッサの開発仕様

KAPが目指すのは世界最高性能のマイクロプロセッサであり、次のような開発方針をとった。

・シングルスカラーのRISCの理想であるCPI（Cycles Per Instruction）＝1を目指し、40メガヘルツ動作により、世界最高レベルの性能を実現する。

・マルチプロセッサシステムに対応し、高性能WSへ搭載する。

・キャッシュスヌープ機構など、マルチプロセッサ対応のS社独自バスを採用する。

・バスボトルネックを回避するため、外部および内部データバスを64ビットとしたバスアーキテクチャを採用する。

・モジュール間の高速データ転送のため、1チップに大容量キャッシュ、MMU（メモリ管理装置）、FPU（浮動小数点演算装置）を内蔵する。

この仕様は、当時としては、マイクロプロセッサとして世界最高レベルの集積度であった。

「世界最高」はすべてが課題

KAPは当初、独自の命令セットを採用し、世界最高性能の仕様の実現をめざして開発を進めていった。S社はCPU、MMU、キャッシュのアーキテクチャ設計、機能設計、検証を担当し、松下は、FPUなど機能ブロックのカスタム設計、1チップ全体の論理設計、レイアウト設計を担当した。松下独自のEDAツールも導入し、お互いの強みを活かした開発体制とした。

KAPの開発を進める中、S社は、富士通のSPARCチップを用いたWSのシリーズ―4、サイプレス社のSPARCチップを用いたシリーズ―5を立て続けに開発・市場投入した。特に、シリーズ―5は、当時サン社が実現できていなかったマルチプロセッサシステムを実現した高性能のWSとして高い評価を受けており、ますますマルチプロセッサシステムに対応したKAP実現への期待が高まっていった。

開発業務は、米国と日本の開発部隊が一体となって進められた。今日ではあたりまえのようであるが、離れた場所での共同開発がスムーズにできるように、積極的に新たな手法を導入していった。最新のデータが参照できるように、国境を超えたデータベースの構築とバージョン管理上の工夫を行い、電子メールをベースとした緊密なコミュニケーションを図った。さらに、日米間の時差を活かし、一方で見つけた課題を、夜の間に他方が対応し、翌朝には解決されてデータベースが更新されているというように、24時間開発体制が実現した。

こうして、日米拠点間の距離、時差、言語の違いといった数々の困難を克服できた。さらに、国内では、設計ピークの時期に不足するEDAツールを有効利用するために、設計者が休日をシフトして勤務するなど、効率向上のためさまざまな工夫がなされた。

テスト設計、評価・解析技術における課題

KAPは、32ビットアドレス、64ビットデータの多ピンを備え、40メガヘルツで高速動作し、またMMU、FPUをオンチップに備えた当時最も複雑で大規模な集積で、100万トランジスタを優に超える高性能プロセッサであった。そのため、今までに経験のない複雑なデバイスであり、テスト・デバッグの点で非常に困難さが予想されていた。しかし、短期の量産化を実現し、WS市場に新商品として早期投入を目指していた。

したがって、KAP開発の課題の1つは、製品として

のテスト容易化を実現する新しいテスト設計技術の適用と同時に、従来にない高度なロジックテスタの導入を含め評価・解析技術の開発が必須であった。

特に、KAPの性能評価のテストパターンは、400万ベクトル数、400パターン数に迫る最大規模のロジックテストが必要であった。しかしながら、その実行は、当時保有していた40メガヘルツクロックのロジックテスタA社製では、測定精度やスループット、内蔵メモリテスト等の制約で対応することが不可能であった。新たに高速プロセッサ向けのロジックテスタの導入が最重要となったのである。

そのため、フィジビリティスタディ段階から、プロセッサ設計担当の三宅二郎氏らとは別に、サブPMの渡里滋氏と私を中心とした開発メンバーでテスト設計と評価・解析技術の専任チームを編成し、私はこの担当リーダーを務めることになった。

200万トランジスタ以上を集積して20ミリ角になってしまう

開発が順調に進んでいた1987年10月、サン社がOSのライセンスを開始した。当時、サン社はWS市場において確固たる地位を占めていた。松下とS社はOSとSPARCアーキテクチャの将来性を考え、当初の開発仕様から、市場で主流になるであろうSPARCの命令セットへ変更するかどうか、それが第2の課題となった。今後のビジネスの成功の可否にも影響を与えるだろう最初の大きな方針変更の判断を行う必要があった。このため詳細な検討を行い、両社は徹底的な議論の末、サンOSのライセンスを受け、KAPはSPARC命令セットを採用することを最終的に決断したのである。

しかしながら、これで大きな問題が解決したわけではなかった。新たに設計上の大問題が発生したのである。

KAPの設計が佳境を迎えていた1988年夏、詳細設計が進み、面積見積もりの精度が上がってくると、チップ面積が予想以上に大きく、物理的に量産化が困難であることが判明した。ＫＡＰは、マルチプロセッサシステムに対応した高性能WS搭載を目指しており、そのために大容量のキャッシュメモリの搭載が不可欠である。しかし、詳細な検討の結果、ＫＡＰは２００万トランジスタ以上を集積して20ミリ角を超える見込みとなる。このチップサイズは、当時の最先端製造プロセスでも、理論上、製造、供給が困難ということが判明した。仮に面積削減のためにキャッシュ容量を小さくすると、マルチプロセッサシステムでは、バストラフィックが増大して性能が出せず、２ＣＰＵ構成すら困難になるという問題が、ＫＡＰ開発プロジェクトに立ちはだかることとなった。これが、第3の大きな課題となった。

15ミリ角、消費電力を4ワットのパッケージに新パッケージ（ＰＫＧ）の放熱フィン開発及び高性能ロジックテスタの新たな導入

まず新規ＰＫＧの開発に着手した。自社の技術で早期に実現できないため、社外から調達する、いわゆるプロジェクト調達マネジメントを行うこととした。複数のＰＫＧ専門メーカーの選択と発注が必須であり、従来にない多くの要求をしていくため、これまで以上に発注先メーカーと密な連携が必要であった。

ＫＡＰのＰＫＧ開発にあたっては、チップサイズが15ミリ角、消費電力が4ワットと、これまでにない大規模LSI実装ということで、新たに放熱性の良いＰＫＧ選定から始まり、放熱フィンの形状設計、フィン接着部材の選定のため多くの実験を行った。例えば、長さ3メートルほどの可変速の風洞装置を自作し、それを使用して構造の放熱特性、市販品、開発品の放熱フィンの特性実

験を行い、要求風量スペック（風速、熱抵抗）に対する放熱効果を満足するＰＫＧ形態や放熱フィン形状を検討した。

この開発は、ＰＫＧ技術の専門チームが中心となったが、実行段階での性能評価は、チップ設計チームおよび我々のチームとともにコミュニケーションを密にし、一体運営に近い形で実行した。常に予想されない問題も発生し、日夜奮闘の連続であったが、関係するメンバーは、ＰＫＧの技術開発でも世界にその性能を問うマイクロプロセッサの開発という大きな目標達成のため、非常に高いモチベーションをもって開発を進めたのである。

一方、第1の課題解決のための高性能なロジックテスタの導入は、検討当初、要求を満たすテスタは市場になかった。それほど開発するマイクロプロセッサは、世界的にも最先端のロジックテスタを導入しなければ検査できないレベルの高性能なものであった。そのため、いくつかの高性能テストシステムを検討したが、最終的に日本のA社と米国のT社製の機器に絞り込み、詳細なベンチマークを実施した。市場では、テスタメーカーの技術開発競争は激化しており、最新のハードウエアとアーキテクチャをいかに早く市場に投入し、シェアを獲得するかしのぎを削っていた。テスタ機種の選定は、高精度の評価が必要であり手間のかかるものだった。ベンチマーク用のテストプログラムまで開発して、テスタ機種の性能評価のために、T社の米国工場に検査担当技術者を派遣した。厳密には、まだ世の中に存在しない開発中のロジックテスタであり、量産出荷段階ではないが性能的に実現できているロジックテスタを、プロセッサの開発進捗と整合させながらベンチマークを進めた。

このように、チップの設計と同時にコンカレント開発を行い、この高性能マイクロプロセッサの性能評価に十分耐えるロジックテスタかどうかの判断を行うため、詳細な性能評価のためのデータ取りを行うなど、多くの工数と困難さを伴う中で、高度な技術開発の検討を進めていった。

この仕様のＫＡＰでは量産化が困難という第3の課題

の解決に向けては、日米間で連日激しい議論が戦わされた。あくまで高性能デスクサイド向けの大容量キャッシュを別チップで実現するのか、マルチプロセッサシステムを断念して内蔵するキャッシュ容量を削減し、低価格でコンパクトなデスクトップ向けとするのかである。しかしこの方針変更は、S社の将来を大きく左右するため、簡単には決着しなかった。両方のケースの性能見積りを行い、設計変更のインパクト、他社との競争力、日程も含めた詳細な検討を行ったのである。

最終的には、KAPの仕様は、低価格でコンパクトなデスクトップ向けに方針変更され、高性能デスクサイド向けは、次期KAPへ託される事となった。その結果、マルチプロセッサ対応を断念し、データキャッシュは24キロバイトから2キロバイトへ、命令キャッシュは16キロバイトから6キロバイトへ削減されることとなり、第2の課題対策であるSPARCの命令セットの採用という、プロセッサとしての機能変更も含めて、この課題対策のため大幅に設計修正、膨大な検証を余儀なくされた。

新テスタの開発で量産化にこぎつける

KAPのPKGは、これまでにない多ピン、大面積、大発熱チップということで、熱伝導性に優れたものでなければならなかった。放熱フィンは、入手した約50種類近くの市販放熱フィンや独自設計の放熱フィンの放熱特性を風洞装置で実験し、それらの収集データから、放熱スペックを満足する当初の円形の3枚フィンを開発した(写真1　KAP初期PKG)。

しかしながら、WSのセット内の気流風量が当初の目標仕様(風速0・8メートル／秒)より少なく、0・5メートル／秒しかないという問題が生じ、急遽、放熱フィン形状の変更を余儀なくされた。さらには、風洞装置を用いた数々の放熱フィンの放熱特性データの知見から、微風量の場合、放熱面積よりむしろ放熱フィンの体積を増やし、熱容量が大きいと放熱特性が良いことを見いだした。そして、煙突効果も兼ね備えた形状も付加して、ス

写真１　KAP 初期 PKG

写真２　KAP 最終 PKG

（写真提供：パナソニック）

ペック（風速０・５メートル／秒、熱抵抗６℃／W以下）をクリアする最終形状の円柱角形フィンに決定した（写真２　ＫＡＰ最終ＰＫＧ）。

一方、最先端のロジックテスタの機種選定を精力的に行った結果、我々は米国のプロセッサメーカーでの実績があるＴ社の１００メガヘルツテスタパーピン型のＪＸＸを導入することに決定した。しかし、このＪＸＸは開発中であったため、ＫＡＰの初期の評価は、Ｔ社の当時最高性能であった50メガヘルツロジックテスタＪＹＹを用いて立ち上げ、開発終盤でＪＸＸに移行した。サンプル出荷時期が差し迫っていたため、Ｔ社にＫＡＰのサンプルを持ち込み、テストプログラムの開発およびシステムの受け入れテストを行った。ＫＡＰの周波数‐電圧特性プロットの測定評価は、ＪＸＸが初期システムであったために難航し、日本へＫＡＰ搭載ＣＰＵボードを出荷する直前に、ようやく確認され性能評価を完了した。

ＪＸＸの導入により、ＫＡＰの特性が直接に検証されると共に、従来システムでは数分のテスト時間を要するテストを、考えられないレベルの検査時間に短縮することができた。つまり、コスト上、量産レベルに十分耐える製品の検査時間である数秒レベルになり、大幅な短縮に成功したのである。これによって、製品の検査導入、量産化対応の見通しを実現することができた。

KAP完成

１９８９年末、ついに日本でＫＡＰが完成した。直ちにＳ社へ送られ、ＷＳに対してＵＮＩＸのブート、アプリケーションプログラムの実行、さまざまな評価が行なわれ、日本でもＫＡＰの量産に向けた準備が進められた。

ＫＡＰのチップ（写真３）は、当時、最先端レベルの０・８マイクロメートルＣＭＯＳ2層アルミプロセスを用いて、およそ１００万トランジスタが集積された。チップサイズは14・85ミリ×15・13ミリである。６キロバイトの命令キャッシュ、２キロバイトのデータキャッシュ、メモリ管理装置、浮動小数点演算装置を内蔵し、高速回路技術の採用により、40メガヘルツの動作周波数で、40ＭＩＰＳ／20ＭＦＬＯＰＳのピーク性能を達成した。消費電力は最大４ワットである。プロセッサの高性能化には、基本的に２つの方法がある。①ＣＰＩ（Cycles Per Instruction）を小さくする、②クロック周波数を高くする、である。

写真３　KAPのチップ

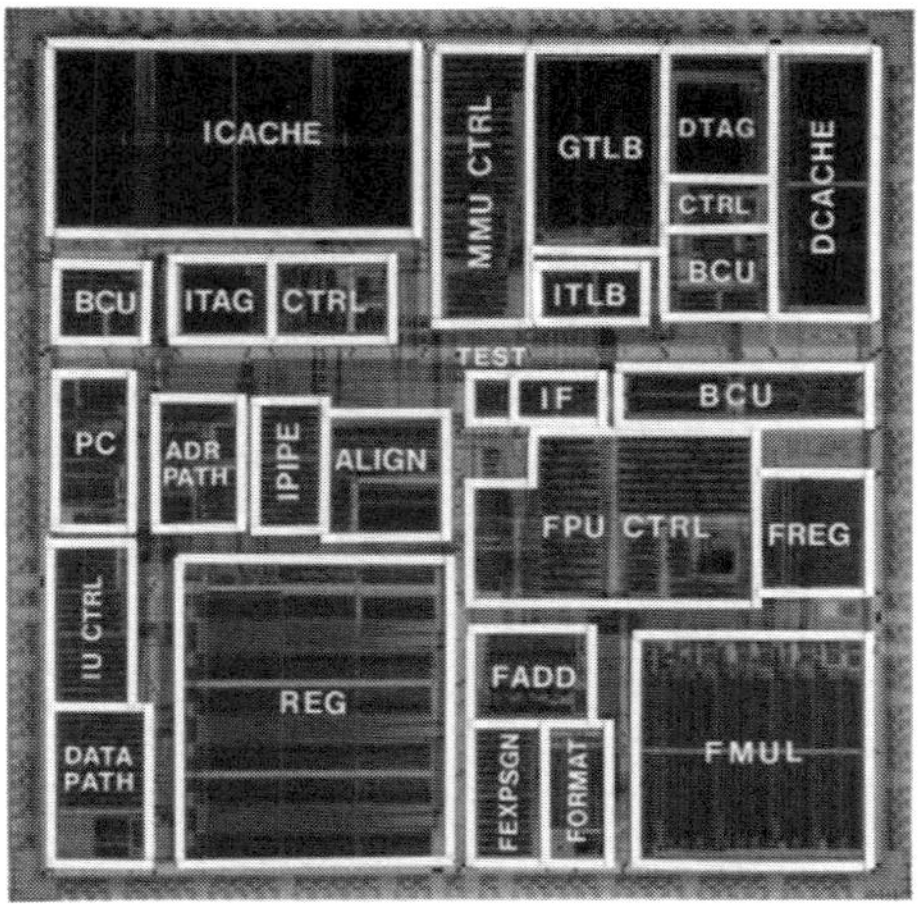

（写真提供：パナソニック）

当時、物理キャッシュでの１クロックアクセスを実現しているプロセッサはなかった。そこで、マイクロプロセッサの高速化の設計技術を蓄積してきた松下として、これまでのデバイス技術を発展させ、新しい回路技術を採用することによって、40メガヘルツという高いクロック周波数でロード／ストア命令および分岐命令を１クロックアクセスで実現した。

１９９０年、ＫＡＰの量産化とともにすぐにＫＡＰを搭載したデスクトップ型のＳ４０００と16型プラズマディスプレイを一体化した省スペース型のＳ３０００の２機種の販売が開始された（写真４）。

これらのＳ社からの２機種のＷＳは、当時市場に出ていたサン社のＷＳよりも性能・コスト両面をリードした製品となった。Ｓ３０００とＳ４０００は、いずれも33メガヘルツで25・５ＭＩＰＳで、サン社のＳＰＡＲＣの15・８ＭＩＰＳより高性能となり、しかも低価格という大きな優位性をもっていた。ＫＡＰは当時、スタンフォード大の授業の教材に使われる等、米国でも非常に

写真４　KAP を搭載したWS

省スペース型

デスクトップ型

（写真：『Super ASCII Vol.2 #3 March 1991』 より）

注目された。

また、これらの成果は、多くの学会にも発表することができたが、中でも、半導体デバイスのオリンピックといわれる国際学会ＩＳＳＣＣ（International Solid-State Circuits Conference）で１９９０年2月に発表を行い、プロセッサ設計の新技術が高く評価された。

組織のプロセス資産

ＫＡＰの開発では、機能記述を用いたトップダウン設計手法、命令シミュレータを用いた性能評価、新たな検証手法も導入し、ランダム命令発生による自動検証、回路修正時の副作用確認のためのレグレッション検証など、さまざまな設計手法がとられた。また、多くの設計者がデータを共有して大規模な開発を行うこの製品開発において、ソフトウェア開発で行われていたデータベースによるバージョン管理システムが導入された。これらの設計手法および設計環境の考え方の多くは、その後のＡＭ３Ｘマイコンシリーズをはじめとして、今日のパナソニックの大規模システムオンチップや独自のＡＶ専用プロセッサ等の開発へ引き継がれている。さらに、ＥＤＡ環境に対応するライブラリ等を開発して、設計インフラを整備することや、プロセスと設計のコンカレント開発のノウハウ、ＳＲＡＭ／ロジック標準回路等により、デバイスの製造プロセスの完成度を見極める手法の定着化にも大きく貢献した。

ＫＡＰ開発のプロジェクトは、プロジェクトで生成された要素成果物として、プロダクトとしての世界初の64ビットマイクロプロセッサの製品化に加え、設計ドキュメント、新技術、テスト・解析手法のマニュアルなど、多くのプロセス資産を残したのである。

ＫＡＰの開発部隊は、ほとんどが若手技術者であったが、世界最高レベルのプロセッサを実現するという大きな挑戦目標に向かって、モチベーションが高く、日々開発に没頭し、自主的で活気にあふれていた。デバイス開発において、当時はまだ例が少なかった会社上級役員の主導によるトップダウン型の製品開発プロジェクトであり、プロジェクトメンバーは、新しい開発スタイルに参画できることで、刺激的かつ新鮮で、この上ない挑戦意欲に燃えていた。

会社の技術トップの承認のもと、コスト（開発費）、タイム（開発計画）、開発仕様（スコープ）、品質、人員体制（人的資源）を明確にし、コミュニケーション及びリスクを考慮したプロジェクトマネジメントが、日米をまたがった開発プロジェクトの中で進められた。まさに、企業の戦略目標とベネフィットの達成のため、ＰＭを中心にチームは使命感をもってこのプロジェクトを実行し、目標を達成することができたといえる。

10年以上前の製品開発のプロジェクトとはいえ、その進め方は、設計フェーズごとにデータの受け渡しのルールを徹底し、データベースの管理手法などのプロジェクト運営を効率的にプロセス管理し実施するなど、結果として、プロジェクトマネジメントの本質としての〝見える化〟と〝標準化〟を積極的に導入していたといえる。

多くの技術者が新しい戦略製品で活躍

このプロジェクトは、ベンチャー魂に溢れていた。

コンピュータ技術は今日のデジタル家電に不可欠な中核技術となっているが、これらの開発を通じて、マイクロプロセッサのアーキテクチャ、回路技術、設計手法、性能評価技術などに精通した技術者が数多く育成され、現在、デジタルＴＶ、ＤＶＤ、携帯電話、ＤＳＣなど、パナソニックの戦略製品開発の主要な技術者として活躍している。また、グローバル化に対応した開発スタイルの風土の醸成及び、その後のプロジェクト型製品開発のノウハウの浸透に、大きく貢献するものであった。

ＷＳの製品化を通じて、コンピュータシステムのわかる技術者が育成され、今日のパナソニックのデジタル家電の基盤を支えるキーデバイス開発につながっており、コンピュータそのものとなっているデジタル家電の最適な設計を実現している。

さらには、米国の技術者との共同開発を通じて得られた柔軟な思考と多様性への適用、数々の経験やさまざまな部署からなる大規模なプロジェクトを推進するマネジメント力が、現在の多くの製品開発に活かされていることが、このプロジェクト開発に携わったすべてのメンバーの心からの喜びである。

〈略歴〉　勝連城二（かつら・じょうじ）
　1982年松下電器産業㈱入社。中央研究所に配属。メモリ、ロジックLSIおよびプロセッサ開発に従事。1987年KAP開発プロジェクトに参画し、1990年世界初の64ビットマイクロプロセッサKAPの商品化に成功する。後にハイビジョン用システムLSI、次世代ICカード用LSI等の商品化の開発リーダーを担当する。さらに、半導体事業担当のセミコンダクター社生産本部の企画部門に異動し、生産工場の製造ラインの設備立上げプロジェクト、生産設備移管プロジェクト、さらに生産工場のグローバルに対応して国内工場から海外工場への半導体製品の生産移管プロジェクトの事務局（PMO的役割）を担当するなど、多くのプロジェクトを推進する。
　現在、事業本部の企画部門で経営企画・事業運営及びPM推進等を担当。PMP。

15

世界初のCDプレーヤーを開発せよ
2次元対物レンズアクチュエータの開発秘話

伊熊　昭等
株式会社日立インフォメーションアカデミー
上席インストラクタ

デジタル時代の幕開け

ノイズのないクリアな音質

私とデジタル音楽との出合いは１９８１年であった。先行開発の成果であるＣＤ（コンパクトディスク）プレーヤー試作品（まだ規格前のためディスクサイズは30センチ）の初めてのお披露目が愛知県豊川市にある日立の豊川事業所の視聴室で行なわれた。プレーヤー部分は、通常のレコードプレーヤー装置とほぼ同じ大きさであったが、電源・信号処理回路は、１・５メートル程度の異様に大きなラック装置であった。信号処理回路がＬＳＩ（大規模集積回路）化された後には、小さな基盤１枚に収まるとのことであった。

視聴室には、多くの開発・設計エンジニアが集まり、固唾をのんでスピーカーから流れるデジタルオーディオの音を待った。私は、当時ハイファイスピーカーシステムの開発・設計エンジニアであり、スピーカーシステムの音質評価用の音源として、デジタル音源に対する期待感でいっぱいだった。

デジタルの音を初めて聴いた時のことは、あまりにも衝撃的で今でも鮮明に覚えている。

ドヴォルザーク作曲の『新世界より』の「第2楽章Largo」の冒頭に、静寂の中からイングリッシュホルンが奏でるあの有名なメロディ（♪遠き山に日は落ちて…）がクリアに耳に飛び込んできた。通常、アナログレコードを視聴する場合、レコード針を使うため、曲の開始前に「パチパチ」というノイズがまず聴こえるが、その音が全くなく音楽が始まった。コンサートホールで生の演奏を聴くのと同じような空気感があった。さらに、曲間にもノイズはなく「音質のクリアさと本来の静寂（無音）を再現できることこそがデジタル録音」と実感し、オーディオのデジタル化を確信した。まさにデジタル時代の幕開けであった。

製品化第1号を目指して

視聴会開催後の週末に、上司から呼ばれ、次の週から、神奈川県横浜市戸塚区にある当時の研究所で開始されることになった「CDプレーヤー開発プロジェクト」に突然の異動を命じられた。

当時の日立では、新規製品の開発を行なう場合、研究所と実際に量産する事業所が連携したプロジェクトを立ち上げていた。研究所中心のプロジェクトの中で、基本性能を確保すると、その後、私が所属していた事業所の設計・開発部門で量産化設計を行う。

CDプレーヤーのような業界初めての開発の場合、全社の各部門から開発エンジニアがいったん研究所に集結して開発業務を行う方法をとっていた。

私がスピーカーのユニット開発ができることから「2次元対物レンズアクチュエータ」の開発責任者に任命されたのだが、全く予備知識がなかった。そこで上司に2つのことを質問した。1つめは、CDプレーヤー、対物レンズアクチュエータに関する知識の全くない私が短期間で開発できるのか？　2つめは、先日視聴に使っていた試作品は、すぐにでも量産に向けての設計を当事業所内で行える状態と思えたが、神奈川県横浜市の研究所に集結するのはなぜか？　対物レンズアクチュエータもすでに試作品があるので、そのまま愛知県の工場側で量産化設計が行えるのでは？

　上司は、前者に関して「フレミングの左手の法則で考えればスピーカーも対物レンズアクチュエータも全く同じ原理だよ。伊熊君」とほほ笑みながら左手で示した。

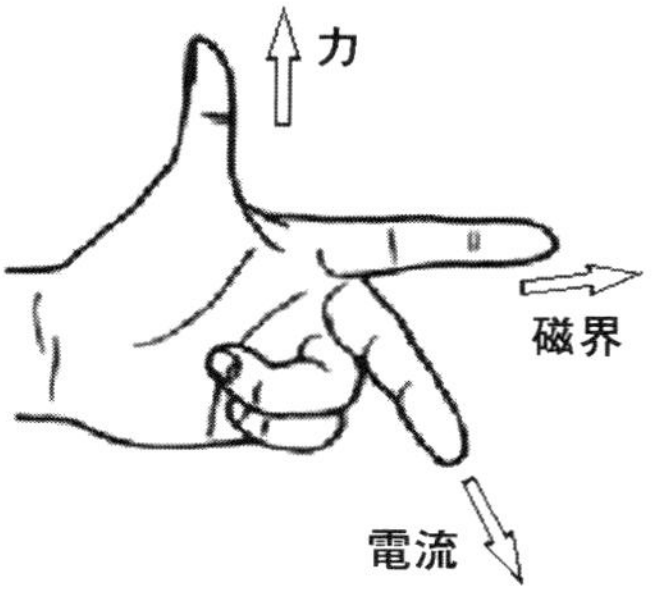

　フレミングの左手の法則とは、磁界中のコイルに電流を流すことによって発生する力で、レンズを上下または左右に動かすことができるというものである（図参照）。

　後者に関しては、「試作品の実物を君が見ればすぐに理解できる」とだけいわれた。

　納得はできなかったものの、私はスピーカーシステムの開発業務をすべて中断して引っ越しをすることになった。その時、発売開始まで残された期間は20カ月であった。

未知の分野だらけ

プロジェクトにおける大きな課題は3つあった。

①重要なデバイスである2次元対物レンズアクチュエータを短期開発で行うことが可能か？　性能を確保する方式と安定した量産化を実現できるか？

②サーボ設計部門からの要求仕様を検証する測定器がないため、高域までの周波数応答特性測定機の開発が必要。

③量産時の組み立てプロセスが全く不明なため、いきなり、月産数百台以上を生産することが可能か？

難題多く開発は進まず

①2次元対物レンズアクチュエータの開発

2方向に対物レンズを駆動する方法の基本は、フレミングの左手の法則を用いることはわかっているものの、参考になる技術書、文献は全くなし。社内研究所で開発した要素技術試作品（プロトタイプ）が唯一の「動くもの」であった。しかし、プロジェクトに加わって後、現物を見て唖然とした。

とりあえずデータを読み取るために急場しのぎで作った代物で、そのまま量産化できる状態ではなかった。上司が「自分で確かめればわかる」といった言葉がようやく理解できた。しかし、いまさらいっても引くに引けない後の祭りであった。

スピーカーは、ボイスコイルを「1方向の駆動」でコーン紙を振動させ音が出る。ところがCD用の「2次元対物レンズアクチュエータ」は、対物レンズから出るレーザ光を「正しくディスク上に焦点させるフォーカス方向」と「データの入っているピット（くぼみ）からレーザ光がずれないように正確に対物レンズを送るトラッキング方向」の2方向を同時に動かす。つまり、2方向に駆動させ、サーボ回路設計部隊からの要求仕様「広帯域の伝達特性」を得ることが、実際は技術的に困難であることがわかった。対物レンズアクチュエータの伝達特性上に不要な2次共振現象が発生すると、サーボ回路上に発振現象が出て制御不可能になる。つまり、安定した制御特性を得るための対物レンズアクチュエータには、2つの共振点「サスペンションであるバネの固さから決まる低域共振周波数（fo：エフゼロ）。概ね数十ヘルツ」と「構造体固有の高域共振周波数（fh：エフエイチ）の10キロヘルツ以上」の間の周波数特性上には、不要な共振が発生してはいけない。このような教科書通りの理想的な周波数特性を現実的に得ることができる「構造」が課題であった。

しかし、1方向と2方向駆動では全く技術課題が異なる。1と2では大違いの問題で、設計図面を基に試作品を組み立てて性能評価するも、目標性能が出ず失敗の繰り返しであった。何度かの設計改善を行い、フォーカス方向は何とか要求性能を満たすことができたが、トラッキング方向は、同様に得ることができず苦難の連続であった。特にサーボ回路のコントロール性能上、フォーカス方向よりもトラッキング方向でのレンズアクチュエータの要求仕様が厳しかった。しかし、不要な共振が発生する原因は不明であった。加えてトラッキング方向のfhは、要求数値を確保できない。構造体の固有共振周波数を10キロヘルツ以上に確保できる手法は全く不明。カーボンファイバーやマグネシウム合金のような高価な材料を使えば計算上は可能であったが、安定した量産化は望めなかった。

「フレミングの左手の法則では同じ原理」という上司の言葉を鵜呑みにした考えが甘かった。

②要求仕様を検証する測定器の開発

開発における次の大きな課題は、2次元対物レンズアクチュエータ性能を検証する手段、すなわち測定器がその当時世の中にないということであった。変位センサーを使った方法では、foは測定できるがfhまではできなかった。したがって、試作品完成後、高域の伝達特性を確かめることなく回路設計側に渡して実装してもらう。サーボ特性結果から2次元対物レンズアクチュエータ性能評価を行うため、性能評価のフィードバックに時間がかかり、短期間で開発するには効率があまりにも悪かった。単独で伝達特性を測定する方法検討が急務であった。

③量産時の組み立てプロセスが全く不明

開発設計時に併行して量産時の課題も検討を行う必要があった。性能を確保できる試作品が1つできても全く意味はない。いくつかの部材が集まった構造品は必ず特性のバラツキが起こる。したがって、大量に生産を行ったときに、いかに特性のバラツキを最小限に留めるかが課題であった。

加えて、光学系の組み立て精度はミクロン単位まで要求されているが、当時、組み立て精度を確保するための加工機や精密組み立てロボットのようなものはなく、光ピックアップデバイス全体としても大きな難題であった。

試行錯誤は続く

不要共振（振動）のメカニズム解析

私はまず、トラッキング方向での不要な共振の発生メカニズムの解析を行うことから始めた。

スピーカー開発に従事していた時、音を発生する振動板（コーン）を紙から金属化したが、不要な振動が発生して音質を悪くして対策に苦労した経験があった。この共振現象はスピーカーコーンの形状がおわん形（すり鉢状）になっていることから発生する「釣鐘共振」と呼ばれるものであるが、それを実際に目視できるようにした。真っ暗な部屋の中でストロボ発生装置を使うと、ストロボの発生する周波数と共振周波数が一致するところでは、肉眼で実際に見ることができた。

同様の方法で応用できないか試みることにした。

既存の測定器を組み合わせて

プロジェクトに従事している研究所のメンバーが、当時販売されていた測定器を組み合わせて広帯域の測定ができる方法を編み出した。他の用途に使っていた「レーザドップラ計」と「周波数スペクトル分析機」の組み合わせで、広帯域の伝達特性を測定できる方法を考えたのだ。これは、レーザ光を振動する物体に当てて、反射する光を測定することで、レーザ光の振動数の変化により振動物体の速度を測定できる。現在は、野球でおなじみの「スピードガン」であるが、当時そのような測定器は世の中になかった。

このユニークなアイデアで一挙に性能評価時間が短縮できた。後日談であるが、レーザドップラ計は高価な輸入品であったが、輸入代理店には用途を全く教えなかった。輸入代理店担当者は、日立社内にレーザドップラ計が何台も売れるので不思議に思っていたそうで、測定器の開発も製品開発競争と並んで重要な要素であった。

レーザドップラ計とスペクトルアナライザー（ランダムノイズ発生器付）を使った測定方法は、それまでの「変位」を測定する方法に比べて、測定のＳＮ比が飛躍的に良くなり、周波数特性上でサーボ回路に悪影響を与えるいくつかの不要な共振が測定できた。その中で、トラッキング方向の１００ヘルツ以下に、不要な共振とフォーカス、トラッキング両方向とも1キロヘルツ付近に、大きな不要共振が発生していることがわかり、両方向はお互いに90度の異なる独立した動作をしなければならないが相互に干渉する動作（クロスアクション）が発生して、サーボ性能を悪化していた。

光学系の組み立て方法と精度

光学部品の組み立てアライメントの精度を究極に抑えても、必要な精度は得られなかった。量産化時の組み立て方法を簡便化すれば精度は低下する。組み立て精度を向上するために発光したレーザ光が光学部品を通過して対物レンズ経由でＣＤ上のピットに収束し、その反射光が対物レンズを経由して、各部品を通過後、光検出器に戻る経路中に「光軸調整機構」を設けることにした。

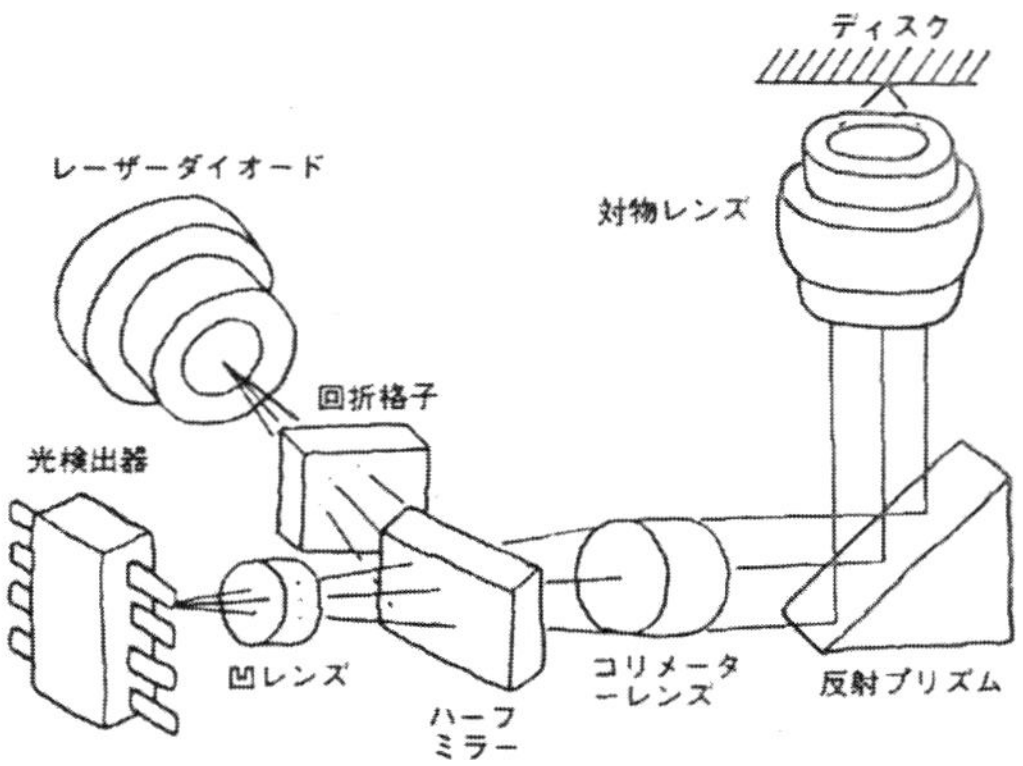

光ピックアップの構成

量産時のアクチュエータ製作時間の短縮

2次元対物レンズアクチュエータを実際に組み立てるためには、「組み立て治工具」が必要である。これは、スピーカーの開発経験を生かすことができた。スピーカーの組み立て用に考案した治工具をなるべく応用して「2次元対物レンズアクチュエータ専用組み立て治工具」を設計した。しかし、自分で実際組み立ててみても、3日間で1台完成すればよいほうであった。これでは、量産時の目標であった1日に100台の生産は、到底不可能であった。さらに、fhを高くするために硬化後に接着材として一番固くなる2液性のエポキシ系接着剤を使い、細かい個所の塗布用として注射器も使った。これは、生産技術的、安全衛生的にも問題が多く、組み立て方法が製造部門に受け入れられるかが課題であった。

アイデアとチャレンジ

トラッキング方向での不要共振（振動）対策

トラッキング方向の100ヘルツ以下の不要共振は、ストロボを使った目視で「連成共振」と呼ばれるものであることがわかった。これは、駆動力とレンズ部の動きが同じ方向ではなく相反する方向に動くことである。ディスクのそりや取付け部のゆがみ等があると、対物レンズは、フォーカスサーボ回路と連携して距離を一定に保つため上下に動く。その時、ある位置より上方になると「連成共振」が発生し、サーボ制御ができなくなる。したがって、駆動点をレンズ部の重心にほぼ一致させればよいが、良いアイデアが浮かばなかった。

だが、偶然、おもちゃ屋で見かけた「やじろべえ」から私はヒントを得ることができた。レンズに相当する重さのバランスウエイトを、対物レンズと駆動点の位置に対して下方に取り付けると「連成共振」がなくなった。

バランスウエイト材質、形状は試行錯誤して最適なものを選んだ。

1キロヘルツ付近のクロスアクションの発生原因は、レンズの動作を支えるサスペンションである金属バネの形状に起因していることがわかった。いろいろ振動を抑えるゴム材をバネに貼ってみたが、許容レベルまで取り除くことはできなかった。開発時間との勝負でアイデアが浮かばず焦っていたとき、気分転換のために実験室に持ち込んでいた「エキスパンダ」を何気なく触っていたとき、私は面白い現象に気づいた。

それは、金属製の密着コイルスプリングを伸縮させる方向ではなく、一方の端を片手で持って90度方向に振ってみると、金属の密着部分には振動を抑える現象があることがわかった。これをうまく使えば、ゴム材を使わずに金属のみで不要な振動を抑えることができるのではないかというアイデアが浮かんだ。

早速スプリングの図面を書いて、試作品を入手し性能を測定すると、今まで支持バネに起因した不要振動は一挙に解決した。金属を使うので温度変化のない常に安定した性能を維持できる見通しがついた。

ところが、世の中そう簡単に事が解決できるものではなかった。密巻コイルスプリングを構成する材料の太さ、材質、長さ（何ターン巻くか）を決め、試作的に何本か作ったものの（2次元対物レンズアクチュエータに4本使用する）、いざ量産のために部品メーカー数社に製作と見積もりをお願いすると、ことごとく断られてしまった。密巻コイルスプリングの形状が常識的ではなかったことがその最大の理由であった。

製作方法のヒントを得るためにギター弦の製作会社へ見学に行ったが、ギターの弦の製作工程を応用しても量産化は無理であった。

私は、調達部門から紹介してもらった全国各地のバネ製作会社をまわり、部品図面を持参して責任者へ用途・形状の必要性を力説した。その中の京都にある会社から「常識はずれの形状は面白いからトライしましょう」と返答があった。その会社では、さまざまな用途向けのバネ

	モーメント変形（A）	せん断変形（B）
中立位置	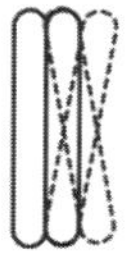	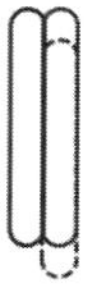
曲げ変形時	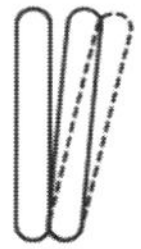	
変形	片当りの状態から順次接触域が増加、減少を行う	互いにこすり合わす作用である

ピュアメタルダンプ方式

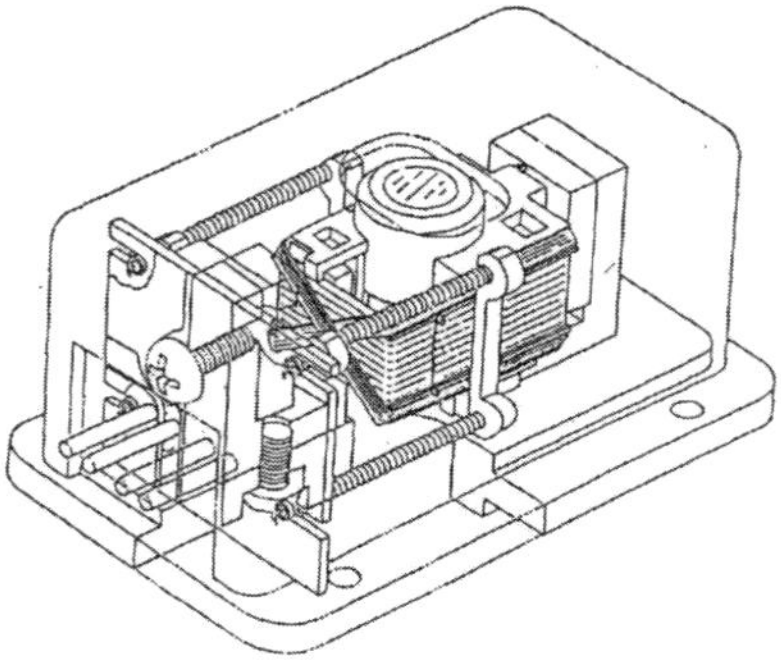

2次元対物レンズアクチュエータの外観

を製作していた。医療用のバネ製作装置を応用して、私の希望する形状の部品を実に見事に製作してくれた。

このサスペンション方式は「ピュアメタルダンプ方式」とネーミングされ、日立独自の方法として拡販に活用された。その後、その会社への発注は、ピーク時にひと月100万個以上になった。本格的な量産後、見学に行ったことがあるが、複数の専用機が密巻コイルスプリングを製作している現場には感動すら覚えた。

ミクロン単位の制度が要求される光学系の組み立てプロセスの課題を解決するために「光軸調整機構」を導入することにしたが、どこで行うことが一番合理的かを検討した結果、2次元対物レンズアクチュエータの取付け部にレンズの傾き調整機構を設けることにした。当初は、4カ所の取付けネジに自由な調整機構を設けたが、その後1本ネジ組み立て方式を行ない、合理的に短期間で調整ができる方法となった。

量産化に向けての準備

1982年10月からの発売に向けて、同年初頭から本格的な量産化検討に入ることになった。組み立てプロセスを改善し、2次元アクチュエータの製作時間は、何とか1日に1台できるまでになったが、それでもとても量産化できる状態ではなかった。さらに、2液性のエポキシ接着材塗布に注射器を使って行なうことなど、当時の量産工場では前代未聞のことで、また溶剤にトルエンを使うことも安全衛生上受け入れがたいものであることは容易に想像できた。しかしながら、組み立てプロセスは私自身のみわかっているが、それを生産技術部門が合理的なプロセスを検討する時間がなかった。なにせ、CDプレーヤー製造自体が初めての経験であり、生産技術部門の要員も不足してした。特に、2次元アクチュエータ専門の生産技術担当がいない状態のまま製造部門に移管することになりそうであった。当然、混乱が発生することは明らかであった。

このような状況を未然に防ぐため、工場での製造部門の対物レンズアクチュエータ組み立て担当者を早めに任命してもらった。さらに、先行して組長（現場の責任者）や指導員を含め数名を愛知県の工場から神奈川県横浜市のプロジェクトルームへ3カ月ほど滞在して組み立てプロセスを学んでもらうことにした。

開発プロジェクトでの製作プロセスと作成した組み立て手順書および開発用に自ら設計した組み立て治工具は、量産開始当初はそのまま使うことにした。作業指導は、私がいわゆる手とり足とりで教えることにした。

この開発方法は、いわゆるコンカレント・エンジニアリングとして、開発期間を短縮するために行う手法であるが、私自身は初めての経験であった。その結果、製造部門の視点で組み立て改善方法が見つかり、悪戦苦闘しながらも、量産開始時には、1人で1日に3～4台の数が製造できるまでになった。あとは人海戦術をとることとした。

製造部門の組長・指導員をプロジェクトに早くから参画させ、量産化の検討を行ったことで、トラブルなくスムーズな量産への移行を実現できた。

世界初　日立が発表したCDプレーヤー1号機。Lo-D DAD-1000
18万9000円（1982年発売時）

最後まで諦めないこだわり

1982年10月1日、日立製作所とソニー両社（日立からのOEM供給で日本コロンビア）による世界で初めてのCDプレーヤーが店頭に並んだ。

当時は、最近の携帯端末やゲーム機の発売のようにマスコミに取り上げられ、購入希望者が店頭に徹夜で並ぶほど華々しいデビューではなかったが、次の日に「世界で初めてCDプレーヤー発売」という記事が載った新聞を見て、短期間で予定通り発売することができたという安堵感の方が達成感よりも強かったことを覚えている。量産化をする上で、事業所内の製造部、購買部、品質保証部門の関係者が一丸となって協力し、予定通り量産化、発売をすることができた。

本プロジェクトから私が得られた教訓は以下の通りである。

①一度決めたことは最後まで諦めないこだわりが必要

今回のような、誰も行っていないことへのチャレンジは、途中で何度も隘路に遭遇する。このようなときには、まずは諦めないことである。これは私自身エンジニアとしてのこだわりであるが、非常に重要であると思う。

②何事にも観察する「好奇心」が必要

製品開発では、何がヒントになるかはわからない。特に、隘路に遭遇した時は、自分の開発プロセスを第三者的に評価して見ることが必要である。そのためには、日ごろから何事にも好奇心すなわち興味をもつことである。身の回りのことを何でも取り入れ試してみる。すると、思わぬところに解決のヒントが転がっているものだ。

③キーパーソンを味方にする

プロジェクトの成功・不成功に影響力をもつ人（キーパーソン）を特定し、早い段階から仲間に加えて困難さを共有させる。これは、『ＰＭＢＯＫガイド』のステークホルダー分析であり、だれが賛成者で反対者かを見極めプロジェクトに参画させる。私の場合は、製造部門を味方に入れることでスムーズな量産移行を実現できた。

④自分が苦労したところは人（他社）も同じ

我々開発エンジニアはそれぞれ独自に開発をしているが、ＣＤプレーヤーの開発では同じような隘路がどこの競合会社でも発生している。所詮、何事も人が考えることは同じであるという発想だ。

この当時、特許を20件ほどまとめて申請したが、後日、特許が公開になると、似たような特許が各社から出ていた。その中でいくつかの重要な特許を他社に先んじて申請していたので特許化できた。今回の「バランスウエイトの構成」「支持バネの振動吸収構造」「1本ネジ組み立て方式」はもちろん特許化して、その後の日立の特許ビジネスに寄与することができた。

私の座右の銘は「執念とロマン」である。どのような障害に遭遇しても決して諦めることなく取り組めば、必ずや達成できる。その先には、淡い期待であるが、憧れた夢を満たすことができる。それこそがエンジニアのロマンである。

じつは、CDプレーヤーの開発苦労話は、世の中に発売した以降も続く。今になって思えば、今回綴ったことは、私がそれからのプロジェクトで体験した苦労のプロローグにすぎなかった。その後もいばらの道の連続であったが、新しい開発ブレークスルーも生まれた。またの機会があればその後の秘話も紹介したい。

〈謝辞〉

CDプレーヤーの開発に多くのエンジニアが従事した。それらの方々の献身的な努力により製品化ができた。その中で、一番の功労者は、当時オーディオ工場の工場長でその後日立中国ソフトウェア株式会社初代社長になられた福間英夫氏と、開発プロジェクトを指揮統括された山本節雄氏である。

福間氏は、将来のオーディオビジネスの核になるという先見の明で先行開発投資を行った。私は、途中で何度も困難な壁にぶつかったときに、山本氏から励まして頂いた。私は、幸いにもその開発エンジニアの1人であったことを誇りに思い、今は亡き両氏の冥福をお祈りし感謝申し上げる次第である。

〈**略歴**〉　**伊熊昭等**（いくま・あきら）

1973年、九州芸術工科大学音響設計学科（現・九州大学芸術工学部）卒業、㈱日立製作所入社、オーディオ部門にて製品開発・設計に従事。1981年世界初の「CDプレーヤー製品化開発プロジェクト」に携わる。その後、業務用大型映像システム、情報システムのSEとして従事。2000年からPMOにて大規模プロジェクト支援業務とプロジェクト・マネジャー育成に従事。

現在、㈱日立インフォメーションアカデミーで、プロジェクトマネジメント講座インストラクタ・スペシャリスト。IT系と非IT系での豊富なプロジェクト経験とPMOにも従事した実績を活かし、年間100日以上のPM講座を実施。PMP試験対策講座では合格者数3000名以上を輩出したカリスマ講師。PMP。

共著書『PMPパーフェクトマスター』（評言社）。

18秒のこだわり

CDの最大収録時間はなぜ74分になったのか？

伊熊 昭等

CD（コンパクトディスク）の最大収録時間は、今では80分間も可能になっているが、もともとは「74分」であった。

CDの規格化は1970年代、オランダのフィリップス社と日本のソニーとの共同で行われた。その中で大変興味ある数値があった。外径12センチ（約5インチ）の収録時間の規格が、片面60分間で最大収録時間74分という中途半端な数値であった。最大収録時間をなぜ70分または75分としなかったのか、私は不思議に思っていた。

当時はインターネットが利用できるわけでなく、情報収集手段としては、雑誌や人からの聴き伝えであった。その中の一つに、当時世界的に著名な指揮者であるカラヤンが、自分のベートーベンの交響曲第九番「合唱付き」（いわゆる「第九」）が収録できる時間を要求したので決まった、というものがあった。これは、当時では最も説得力のある理由で、なるほどと思っていた。なぜなら、私も大学時代に学生オーケストラでバイオリンを弾いて、幸いなことに第九を演奏した経験があったからだ。

その後、コンサートの生録音を30センチLPレコード盤として関係者に配布することになった。しかし、レコード制作会社によると、「第九」は、LP1枚の両面に、4楽章を各章の開始〜終了毎にうまく収めることができないとのことであった。LPレコード2枚組にすれば1枚半で可能であるが、コストアップになり余った半面分を埋める演奏がない。結局、A面には3楽章の途中まで入れて、B面には3楽章の残りと4楽章を収めた。

このことから、「第九」を1枚にそっくり入れることができるCDが、収録時間規格の基準になったことは理解できる。

最近は、インターネットで表題のテーマで検索すると、いろんな方々の諸説紛々が掲載されている。真実は果たして？

私の手元にCDプレーヤーが発売された年に出版された『図解 コンパクトディスク読本』（中島平太郎、小川博司共著、1982年、オーム社）がある。著者の中島氏は、NHK放送科学基礎研究所所長を経てソニーに入社し、常務取締役・技術研究所所長としてCDプレーヤー開発の中心人物であった。

私にとっては〝スピーカーの神様〟的存在で、中島氏が執筆された『ハイファイスピーカ』（日本放送出版協会）は、手あかでボロボロになるまで精読したものである。まさに日本における音響の基礎を築かれた方である。

この読本の中に「CDの収録時間」が決まった経緯が書かれていて、演奏時間の仕様は「60分」と明記されていた。理由の第1に「演奏家に払う著作権料」をあげていた。たしかに、演奏家に支払う料金が高ければそれだけ音楽CDの販売価格に跳ね返り普及を妨げる。60分間がリーズナブルということになったようだ。次に代表的なクラシック音楽の曲目別演奏時間を調べたデータ表がある。「第九」に関しては、演奏家別に演奏時間が示されているが、カラヤンの演奏時間は記載されていなかった。一番短い演奏時間は、ワインガルトナー指揮で62分26秒。一番長い演奏時間は、フルトベングラー指揮による74分28秒である。マーラーの「交響曲第二番」のように、演奏時間が89分かかるものもあるが、CDの収録時間の目安は、60～70分であれば充分と記載されていた。

私もカラヤン指揮ベルリンフィルのベートーベン交響曲全集のCDをもっているが、「第九」の演奏時間は66分であり一番長い演奏時間ではない。

では、なぜ「74分」「カラヤン」となったのだろうか？これからは私の推理である。ソニーとフィリップス社との規格決定協議の過程で、「最大収録時間を60分以上」としたいソニー側が、根拠として当時指揮者としてカール・ベームと並び世界的なネームバリューを使ったと推測する。特にカラヤンは、1／2インチのビデオテープが規格・発売される前から、「映像演奏の販売」に他の演奏家に先駆けて積極的に取り組んでいた。故人であったフルトベングラーと比べてもネームバリューに関しては申し分ない。

では、なぜ最大収録時間を「75分間」としなかったのだろうか？　この根拠も前述の読本に記載されていた。

当時、CD製造技術を考慮した理論上の最大録音可能時間は74分42秒であった。すべての「第九」は収録可能だが、「75分」と覚えやすい数字に丸めて規格化するのは正確ではない。

もちろん、規格としては「75分」とした方が一般的にはわかりやすい。当時規格まとめを推進していたソニーの中でも「75分」とする要求はあったと思うが、エンジニアの「正確性」に対するこだわりから、わずか18秒の不足で「74分」とすることを、頑として譲らなかったと推測する。

私も当時、同じ〝こだわり〟をもって開発プロジェクトに従事していた。エンジニアとして、そのこだわりに嬉しく思うとともに敬服する次第である。

過去を振り返ってみると、会社、立場は異なってもエンジニアとして世界初の製品化に取り組む信念、姿勢はほとんど同じであったことがわかる。

現在は音楽記録メディアの主役とはならなくなったCDであるが、日立のスピーカーシステムから流れる澄みきった音場感あふれるクラシック音楽を楽しんでいる私である。

フルトベングラーの「第九」

業務改革・新サービス

16

日本に学び日本を超えろ

ジャパン・フォーカス・プログラム

三浦　力恵
トライパワーコンサルティング代表
(Tri-Power Consulting)

ジャパン・フォーカス・プログラムは、1980年代半ば、日本の半導体メーカーの攻勢によってビジネスの苦境にあったインテルが、その原因と考えていた日本企業と日本市場に焦点を当て、そこから学びインテル発展につなげることを目的に、米国本社と日本法人のインテルジャパンがグローバル・チームを結成して取り組んだプロジェクトである。

私はこのグローバル・プロジェクトのメンバーとして参画し、その後の活動にも携わった。

まず、当時の状況とプロジェクト発足の背景について簡単に触れたい。

インテル最大の経営危機

日本の半導体メーカーは得意とするメモリー製品のプライスリーダーとして、市場を怒涛のごとく攻め、メモリー製品が主体のインテルは業績を落とし、インテルの歴史上最もつらい決断といわれたメモリー(DRAM)

ビジネスからの撤退を余儀なくされた。後に、このプロジェクトの成果により、この決断は〝英断〟と評価されることになる。

レイオフや給与カット…社員の流出も

1986年は最悪の年で、売上は前年度比大幅減、損益は初の赤字に転落した。インテルはレイオフ、工場閉鎖、給与カットといったあらゆる経費削減の手段をとった。日本法人も例外ではなく、日本の労働法規に抵触しないよう、またできるだけ社員のモチベーションを落とさずに実施する必要があり、私が実施責任者として対応にあたった。

具体的には、新規採用凍結の即断と全社員を対象にした給与カット、職務変更による人員の再配置を中心に行った。給与カットは、将来業績が回復したら戻すことを社員に説明して実施。職務変更は、特に技術の仕事に従事していた社員にとっては受け入れ難く、これをきっかけに退職した社員も少なからずいた。

プロジェクト目標は「日本に学ぶこと」

ジャパン・アズ・ナンバーワン

インテルはメモリー（DRAM）事業から撤退し、比較的新しい分野であったマイクロプロセッサー事業に経営資源を集中する戦略に転換後、マイクロプロセッサーを主力製品としていかに成功させるかが最重要課題となった。この時、日本の半導体メーカー、日本のお客様と日本市場から学ぶべきとの判断から、ジャパン・フォーカス・プログラムがスタートすることになる。

ジャパン・フォーカス・プログラムの推進に使われたロゴ

当時、日本企業は飛躍的に発展しており、日本と日本的経営が称賛された時期であった。

エズラ・ヴォーゲルの著書『ジャパン・アズ・ナンバーワン』がその象徴であり、ジェームス・アベグレンはその著『カイシャ』で、日本企業発展の源泉を説いた。元ソニー会長の盛田昭夫は『MADE IN JAPAN』で、品質、信頼性に基本をおいたモノづくりの重要性を力説するなど、まさに日本的経営の強みを称賛する声にあふれていた。

日米混成のプロジェクトチーム

1987年初頭、インテル本社とインテルジャパンのグローバル・チームから成るジャパン・フォーカス・プログラムが正式に発足した。本社から戦略商品として期待されていたマイクロコンピューター部門トップのデイブ・ハウスと、インテルジャパン社長のジーン・フラスの2人がチームのリーダーとなった。デイブ・ハウスはリーダーシップがあり、次世代インテルのトップ候補の1人として見られていた。ジーン・フラスはインテル創生期から中核部門で活躍した人で、新しいことに謙虚に取り組む姿勢があり、人望が厚かった。

チームのメンバーとして関係部門の責任者が選ばれた。本社からは、マイクロコンピューター・グループ、ロジック・コンポーネント製造部門、マーケティング部門、技術開発部門等から責任者クラスが10名、日本側からはセールス、マーケティング、エンジニアリング、品質保証、戦略企画、財務、人事部門等から部門長クラス10名が選ばれた。私も人事部門の責任者としてメンバーに加わった。

チームメンバー全員が日本に集結し、プロジェクトがキックオフした。日本的経営の研究で有名なコンサルタントのリチャード・パスカルやスタンフォード大学教授がファシリテーター（会議の進行役）として参加した。プロジェクトの目的と活動内容、進め方と期待される成果を全員で確認しながら、個々人のコミットメント（達成意欲と実行に向けた強い決意）を再確認した。

ホテルの会議室に数日間缶詰となり、日米混成の小グループに分かれて、問題の抽出、性格付け、根本原因の究明と分析を行い、改善策、具体的なアクション、そのためのリソース分析、必要予算、完了までのスケジュールなどを、立場の上下に関係なくオープンに意見を出し合った。議論はすべて英語で行われたが、本社からのメンバーは辛抱強く、協力的にディスカッションを続け、会議は効果的に進んだ。コンテンツ・エキスパートとしてのファシリテーターの優れたプロセス・マネジメント力に負うことところが大きかった。

まずグラウンド・ルール（基本行動原則）を決める

議論を進めるにあたり、事前に全員で会議を進めるためのグラウンド・ルール（基本行動原則）を確認した。例えば、発言者の意見を尊重し、話の途中で批判や批評をしたり、聞く側の価値判断で結論付けをせず、最後まで自由に意見を述べさせる。ブレーン・ストーミング、KJ法やフィッシュ・ボーンチャート（特性要因図）などのツール、手法を効果的に使い議論を展開、整理していった。つど、中間報告のプレゼンを行い、すべての議論、プレゼンの内容をフリップチャートにまとめ、大きな会議室の壁いっぱいに貼った。会議を効果的に進めるために、議論した内容が常に参照できる状況であった。

お客様の声が先生

会議に加え、プログラムの一環として、日本のお客様、代理店の声を直接聞くため、主要取引先、代理店を訪問し、忌憚のない意見交換と実態の理解に努めた。特に、米国本社のメンバーは日本企業の品質、信頼性に対する意識の高さ、納期管理の重要性、問題の改善に向けた姿勢、取り組みを知って改めてその違いに驚き、インテルの改善の必要性を痛感した。この経験がその後の社内体制づくりと意識改革につながった。

体験を通じて日本を知る

さらに、本社チームメンバーは「トウキョウ・トレジャー・ハント（宝物探し）」と称する活動に参加した。

これは、日本語を全くわからない外国人が2人1組になり、地図と指示書、簡単な説明を頼りに、地下鉄に乗り、目的の場所に行って指定されたものを手に入れ、予定の時間までに戻ってくるゲームである。言葉を理解できない外国人にとって、日本で目的を達成することが、いかに難しいかを体験する狙いがあった。彼らは苦労して目的を達成するプロセスを体験、日本人特有の対応とアメリカとのカルチャー・ギャップを学んだ。

本社メンバーが日本で「宝物探し」

また、早朝に東京築地の魚市場に行き、日本人が新鮮な魚介物の品質をいかに大事にしているか、消費者を大切にしているかを実際に体験した。楽しい経験を通じ、品質に取り組む日本人の姿勢を学んだ。

「仕事は厳しく、成果は皆で楽しくシェア」がモットー

議論のまとめとして、プロジェクトの最後に全員で箱根の老舗旅館に移動して、議論を継続し、今回の活動で学んだことを確認し、プロジェクトの成果を共有した。第1ステップの終了を喜び、大いに飲み語らい、肩を組んでラインダンスを踊った。また、温泉の大きな露天風呂に一緒に入り、日本流の裸の付き合いの大切さを体験してもらった。露天風呂で頭からお湯を掛け合ったポール・オッテリーニは現在、インテル本社のCEOを務めている。このように、真剣な議論、会議の後で、皆で成果を共有し、楽しいイベントをプログラムに入れるのも米国流、インテル流のやり方であった。

箱根での最終セッションで、私は個別インタビューを受け、その中で、このプログラムは本社が日本を知る非常に良い機会であるが、本来の目的を達成するためには一過性の活動であってはならないことを強調した。継続的な活動を通じて具体的に成果を実現していくためには、課題となっているインテル本社とインテルジャパ

ン間のコミュニケーションを飛躍的に向上させることが必須であり、マネジメントレベルに限らず、現場の実務レベル社員の相互理解を深めるため、「異文化コミュニケーションプログラム」の早期実施を提案した。

本社はどこまで本気なのか?!

プロジェクトの当初には、言葉の問題、本社と現地法人間の上下の立場もあり、議論がうまく進むのか、相互に理解しあえるのか、懸念があった。

またインテルジャパン内で本社に対する不満、不信感もあった。日本のお客様からの品質問題や納期遅延の問題を本社に投げかけても、真剣に対応してくれない状況であった。特に営業部門では、お客様の声を何とか伝えたいとマーケティング部門と協力して奮闘していたが、本社からの反応は好ましいものではなかった。むしろ、どうして日本のユーザーはそんな細かいことをいってくるのかと反論があり、問題の本質を理解しようとする意識が弱かった。納期遅延でお客様の生産計画に影響を与え、最悪の場合、製造ラインがストップして大変なことになる、と悲痛な声を営業担当が発することもあった。

このような背景があり、インテル本社が日本をもっと理解するためにジャパン・フォーカス・プログラムを発足すると聞いたときに、期待の反面、一体どこまで真剣に取り組もうとしているのか懐疑的な見方もあった。また、日本のお客様はインテルの競合相手であることも多く、インテル本社が希望している本音の意見交換や話し合いができるのか不安があった。

プロジェクトメンバーが本来の業務以外に、プロジェクト活動に対しどこまで時間的にコミットメントできるのかも課題の1つであった。

さらに重要なことは、このプロジェクトは一過性のものになってはいけない。最終的に目的達成のために、必要な施策、アクションを継続的に実行していかなければならない。はたして、当初のモメンタム（勢い）が継続するのか、大きな課題であった。

本当に成果の出るプロジェクトなのか?

インテルの業績がかなり低下している時期に本プロジェクトが実施されたために、社員の中には給与カット、人員再配置など厳しい対応をとる中、本プロジェクトに必要な経費、予算、人的投入をかなり厳しい目で見ている実態があった。

社員の厳しい見方は、本プロジェクトの派生プログラムとして実施した、社員を3カ月間米国に送る「異文化コミュニケーションの教育」にも向けられた。社内説明会を開催し、トレーニーの選出を依頼しても、反論するマネージャーもいた。彼らの言い分は、毎日忙しく休暇もとれない社員が3カ月間も業務を離れられない、その間カバーする者もいない、自分の部下は出せない、経費はどうするのか、そして本当に成果が出るのかというものであった。

初めてのプログラムで、はたして期待どおりの成果が出るのか保証がなく、業務への影響、支障も予測できない厳しい判断の中、私は「何かをしなければ、何も変わらない」との信念と熱意で社内のコンセンサスをとった。社長のジーン・フラスから、この異文化コミュニケーションプログラムは日米間の理解を深め、一体となってインテルの課題を改善、解決するためのキーとなる。そのために、資金的にも、時間的にも、人的にも大きな投資をするこのプログラムを是非成功させたい、最初が大切なのであなたもリーダーとして参加して欲しい、との要請を受けた。プログラムの企画者が実施に参加しないと成功しない、という主張であった。私は業務を離れての参加は難しいと感じたが、最終的に部下をはじめ周囲の理解、サポートを得て参加を実現した。

日本市場で勝つことが成功につながる

日本のお客様との意見交換で忌憚のない声を聞かせてもらえるかの懸念が当初あったが、インテルジャパン営業部門責任者の強いリーダーシップと、それまでの地道な営業活動で築き上げた良好な関係がこの懸念を払拭した。お客様側にも、現実の問題をインテル本社の幹部に是非理解してもらいたいとの切実な期待があった。

しかし、本社側のメンバーは、実態や問題を理解すればするほど、改善に向けた実行は容易ではないことを知った。

日本で要求されるサービスレベルは、半導体のような最先端のハイテク製品でもサービス指向の製品と同じであり、どんどん高まる期待に常に応えることが真のカスタマー・サービスである。これは、それまでのインテル本社の理解を超えた、想定外の事実である。今までのやり方では簡単に解決できない、まさにインテルの大きなチャレンジである。日本でのビジネスの進め方、ベンダーと日本のお客様との関係は特異で、高いレベルの感受性で、常に真のカスタマー・サービスとは何かを理解し、実行することが不可欠である。それができなければインテルの明日はない、との悲壮な意見も出された。最終的に、全社一丸となった「お客様指向」のあらゆる努力が必要との結論に至った。

また、本社メンバーがインテルジャパンを訪問した際、社員と本社との間で日常業務の電話でのやり取りを観察して、問題の相互理解と問題解決に向けた対応には予想を超えた難しい面があると認識した。言葉の問題や時差からくるタイム・ウィンドウ（時間の窓）の壁はもちろん、本社社員が仕事上の「武器」として使い、インテルの価値観の1つである「建設的な対決」が全く相容れない、という事実。どうしたら、日米の関係者間の相互理解を深め、問題解決を図れるのか、この難問を

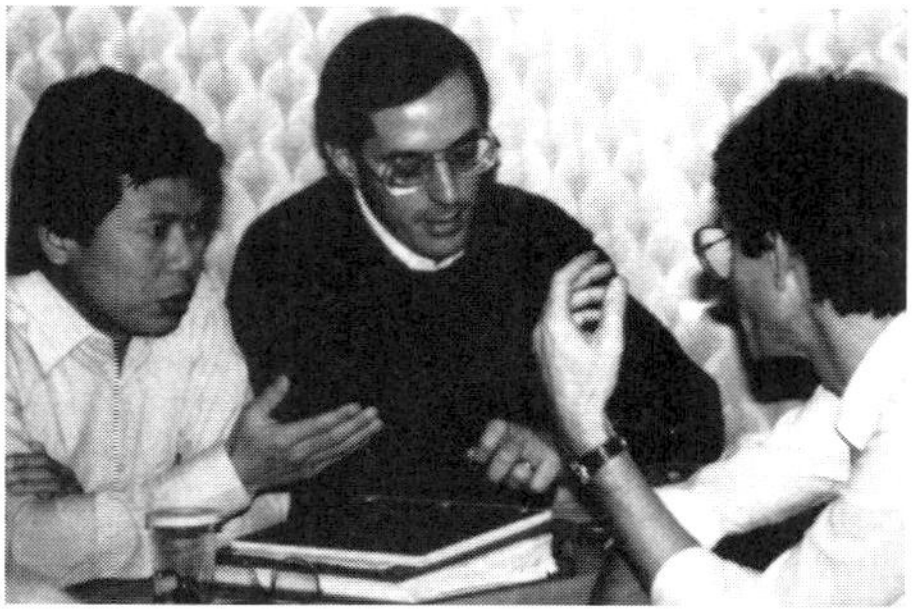

日米間の”ジェスチャー”を交えた話し合い
(中央は現在インテル本社 CEO のポール・オッテリーニ)

皆で真剣に議論した。双方の社員への徹底した教育と価値観の共有がどうしても必要との方向性を確認した。

日本市場は半導体のオリンピック

これらの理解と問題意識をふまえ、その後も検討を重ね、本社側リーダーのデイブ・ハウスを筆頭に、各部門の責任者全員が今後の日本でのビジネスの推進とサポートに全力を尽くすことを確約した。日本のお客様に対して真のサービスを提供すること、特に品質、納期に対しての約束は「神聖で絶対侵してはならないもの」と宣誓した。

日本市場は半導体産業のオリンピックであり、世界で最も競争が厳しい。ここで勝つことがインテルの成功になる、との認識で日本に対するサポートレベルを飛躍的に高めることとなった。同時に、インテルが日本から学んだ教訓を生かして、全世界でのカスタマー・サービスを展開する幕開けでもあった。

着手した具体的なアクション

アクションの実行を確実にするA／Rリスト

箱根での会議終了後間もなく、全参加者に対してA／Rリスト（問題解決、改善のためにとるべきアクションのリスト）が報告された。このA／Rリストには、会議、討議で作成した全フリップチャートやプレゼンテーションのコピーが添付されており、数十時間にわたる議論がよみがえるものであった。A／Rリストは分野ごとと共通の全体に関わるものに分類されており、アクション項目数としては総数130に及ぶものであった。A／Rの実行責任者ごとに、実施、完了のスケジュールが明記されている。ジャパン・フォーカス・プログラムの最終目的の達成に向けた、継続活動として新たなプロジェクトやプログラムの開始である。

全130項目のA／Rに沿って、新たなプロジェクトやプログラムが組まれ、確実にアクションに移され、目的達成に向けた努力が重ねられた。実行責任者が主体となり、A／Rごとのフォローアップがインテル本社、日本とで繰り返し行われた。全体での進捗レビューも定期的に行われた。

全員、日常の業務をもちながらの活動で大変であったが、インテルが着実に変化、業績が回復している実感があり充実感も大きかった。

会社を変えた異文化コミュニケーション力

私が担当した個別A／Rでもっとも思い出深いハイライトは、異文化コミュニケーションプログラムである。社員が仕事を離れ、米国本社近くにある異文化コミュニケーションの専門コンサルティング会社で3カ月間の集中教育を受けるもので、英語力の向上のみではなく、真のコミュニケーション力を伸ばすことを目的とした。そのため、プログラムにフィールド・トリップと称するインテル本社、製造現場訪問を取り入れ、ミーティングやプレゼンでの実地研修を行った。そこで得た教訓をトレーニングのクラスで生かし、そのプロセスを繰り返す仕組みであった。たとえれば、ゴルフ練習場での練習とコースでの実際のプレーを繰り返すことでスコアアップを目指すのと同様の考え方である。1回のトレーニングクラスは5～7人で構成し、年2回実施し、延べ70人の社員を日本から送った。このプログラムは、インテルジャパンのコミュニケーション力を飛躍的に高め、本社との相互理解の向上に大きく貢献した。

余談になるが、この研修を受けた社員の多くが、インテルではもとより、その後インテルを離れても、各分野でマネジメントやエキスパートとして活躍している。実務能力と高いコミュニケーション能力を評価された証といえる。グローバル・ベースのプロフェッショナルを輩出したプログラムでもあった。

私は、異文化コミュニケーションプログラムの実施以外に、インテル本社人事と協力し、本社の社員を対象に「日本人と効果的に仕事をする方法」といった内容のトレーニングプログラムを開発、実施した。トレーニングを通して、本社の社員は、日本人の行動特性、コミュニケーション・スタイル、感情の表現、意思決定の仕方などを理解し、日米相互の理解が深まった。

さらに、インテルジャパン企業文化の確立や「Great Place to Work（社員が働き甲斐のある会社づくり）」のプログラムを実施し、会社基盤の強化や社員力の強化に努めた。本プロジェクトの目標達成は、結局のところ、社員のやる気と能力に負うところが大という考えのもとに、インフラづくりを進めた。

インテル発展のベースとなったプロジェクト

「アン・シン・カン」がお客様満足度のベース

本プロジェクトで学んだ中で、シンボリックに語られた言葉がある。「アン・シン・カン（安心感）」である。インテル本社の幹部が日本のお客様や代理店で意見交換した際、日本でのビジネスではお客様の「安心感」が重要だが、インテルはこれを欠くという指摘があった。私は、インテル本社でのトレーニングで、この意味合いとなぜ重要なのかを話す機会があった。農耕民族である日本人は自然災害に直面したときに、相互助け合いで生きてきた歴史をもつこと、学校での教育と同様、子供たちが成長していくために仲間の大切さ、家庭での親子間の思いやりなどが、「安心感」として日本社会の価値観として定着しており、この「安心感」がビジネスでの相互の信頼関係にも通じることを説いた。この「安心感」は、まさにお客様の生命線に関わる半導体ビジネスにいかに大切かを理解してもらった。

私の話を聞いたインテル本社社員の１人が、日本文化、日本のビジネスと日米間のコミュニケーションに興味をもち、これをテーマにしたＭＢＡ卒業論文で、ペパーダイン大学から特別表彰を受けたと、卒論のコピーを送ってくれた。ジャパン・フォーカス・プログラムを通じて聞いた私の話が大いに参考になったと添え書きがあり、彼女のＭＢＡ取得に少しでも役立ったと嬉しく感じた。

最後に、本プロジェクトがその後のインテル成長に及ぼした影響と、貢献に対する私なりの理解と考えを述べたい。

インテルが成功した真の理由とは?

インテルが成長したのは、マイクロコンピュータービジネスへと戦略転換し、マイクロソフト社と「ウィンテル（マイクロソフトのウィンドウズとインテルのマイクロコンピューターとの融合として呼ばれている）」陣営を張り、インターネットの普及に伴うPCユーザーの飛躍的増加の波に乗り、それがデファクトスタンダード（事実上の標準）になったこと、半導体、マイクロコンピューターの性能が有名な「ムーアの法則（半導体の集積密度は、18〜24カ月で倍増するというインテル創立者の一人、ゴードン・ムーアが唱えた法則）」どおりに向上し、インテルがこれを牽引してきたことが主要因であることに異論はないと考える。

しかし、本プロジェクトでインテルが学んだ、品質、納期、お客様満足度などビジネスの基本を地道に実行、継続し、発展させてきた姿勢、信頼感がお客様に受け入れられたこと、これを支えた両国の社員の努力と力が、インテル発展のベースにあったことを忘れてはならない。

インテルはその後、本プロジェクトで学んだ「お客様指向」の考えを発展させ、一般ユーザーの目には見えないインテル製品の認知度を飛躍的に高める「Intel Inside（インテル　はいってる）」キャンペーンを導入した。今、「Intel Inside」のロゴがパソコン性能、品質を表す代名詞になっている。これも本プロジェクトの経験から生まれた成果といえる。

私自身も30歳代で参画した本プロジェクトから学んだことは多い。ここで得た経験を他のプロジェクトで活用してきており、その後の私のプロフェッショナルとしてのキャリア作りのベースとなった。

プロジェクト成功の秘訣

最後にまとめとして、経験を通して得た、プロジェクト成功の秘訣を次の10のポイントに整理したい。

①強いリーダーシップ
②適切なメンバーの選任とメンバー間の連携、対話と信頼
③コミットメント（達成意欲、行動、時間に対し）と達成に向けた熱意
④社内・外のファシリテーター（コンテンツ・エキスパート）の参画
⑤ノウハウ、ツールの活用
⑥周囲（上司、部下、同僚）の理解、協力、サポート
⑦進捗のレビューと状況変化に応じた臨機応変な代替策、軌道修正
⑧成果、成功の共有化と楽しいイベントの盛り込み
⑨たゆまぬ、継続的な改善活動
⑩積極的なプロジェクトへの参加、学び、達成経験の応用展開

〈略歴〉三浦力恵（みうら・りきえ）
1971年一橋大学商学部卒業。同年東レ㈱入社、企画、海外事業業務に携わる。京セラ㈱海外事業部門勤務を経て、インテルジャパン㈱入社、同社法務部長、人事部長、管理本部長を歴任。後、日本モトローラ㈱入社、同社人事部長、米国モトローラ本社半導体事業本部で人事部門勤務。日本システムズ㈱（人事本部長）、日本シノプシス㈱（人事本部長）を経て、㈱ジュピター・テレコム入社、同社人事部長、関連の技術会社において管理本部長、社長補佐を務める。現在、マネジメント、業務改革、人事関係のコンサルティング業務に携わる。

私にとってのシリコンバレー

三浦 力恵

今回のテーマで執筆依頼を受けた直後、シリコンバレーへ出張で行く機会があった。シリコンバレーを訪れるのは約8年ぶりで、懐かしい気持ちと期待で久しぶりに心が高ぶるのを感じた。サンフランシスコ空港からレンタカーで、フリーウェイ101（ワン・オー・ワン）を南へ約40分走り、スタンフォード大学に続くユニバーシティー・アベニューを過ぎると、そこはもうシリコンバレーで、独特の雰囲気があり、故郷に帰ったような不思議な感覚になる。

最初にシリコンバレーを訪れたのは1980年にインテルに入社して間もない時期であった。ホテルを地図で探しながら1人でレンタカーを運転し、無事に着いてほっとしたことを覚えている。初めての外資系企業勤務で最初の出張でもあり、英語での会議、プレゼンに苦労したことも懐かしい。その後、インテル、シスコなどで勤務した15年間に、50回以上シリコンバレーを訪れたが、そのたびに新鮮で新しい発見があり、学んだことも多い。今、あの頃の懐かしい思い出がよみがえってくる。

シリコンバレーはハイテク産業のメッカであり、各分野で先駆者となった企業は多い。HP、インテル、アップル、シスコ、グーグルはその代表だ。これらの企業はベンチャーとしてスタートしたが、シリコンバレーにはベンチャー企業を育て、支える仕組みがある。夢の実現をめざして、事業開始に必要な資金獲得のために持ち込まれるビジネスプランと企業家精神を、評価できる鋭い眼をもつベンチャーキャピタルと「敗者復活を認める」カルチャーである。成功を求め、チャレンジ精神にあふれる多くの若者を惹きつける。そこには人種の差別はなく、「できる」能力をもち、極限の努力をする者だけが選ばれる社会である。「産学共同」の象徴であるスタンフォード大学が後押しをする。若い頃、この大学に憧れ、キャンパスに何回も足を運んだ。芝生に仰向けになると、青く澄んだカリフォルニア・ブルーの空が目にまぶしい。

夕食を終えホテルに帰ると、いつも向かったのはホテルのバーで、そこにはビジネス出張者がコロナビールやワイン、テキーラ・サンライズなどを飲んでいる。カウンターで飲んでいる外国人の横に座り、了解をとって一緒に飲む。当時、英語力の乏しさをアルコールの力を借りて慣れていったものである。彼らは私にとって授業料無料の英語の先生でもあった。そこは学びと社交の場で、まさにイーグルスの歌う「ホテルカリフォルニア」の世界であった。

シリコンバレーの周囲には自然に富んだ風光明媚なところが多く、そこを訪ねるのも楽しみであった。車で1時間足らずのサンフランシスコ、さらに北にあるワイナリーで有名な「ナパバレー」はそれぞれの趣があり、よく足を運んだ。レイク・タホは全米屈指のスキーリゾートであるが、夏に訪れるのも楽しい。一番好きなのは、南に1時間ほど行ったペブルビーチである。モントレー湾の海岸線の美しさは絶景であり、点在している別荘と森をぬって走る「17マイルドライブ」は心を豊かにしてくれる。近くのカーメル市は多くの芸術家が住んでいる大変美しい町で、かつてクリント・イーストウッドが市長をしていた。多くのプレーヤーから世界ナンバーワンにあげられる「ペブルビーチ・ゴルフリンクス」はゴルフ愛好家の憧れであるが、私は残念ながらいまだ、この憧れのコースでプレーする夢を実現していない。

シリコンバレーは長くハイテック産業の中心にあり、その比類のない創造力とエネルギーで全産業の発展に貢献した力は大きい。そこで知り合った人たちは皆、オープン、フレンドリーで忘れられない。シリコンバレーは技術革新のメッカで、そこに住む人たちのバイタリティと周辺の自然が相まって実に奥深い魅力を持っている。このような環境で、経験し、学び、成長できたことを誇りに思うと同時に、シリコンバレーに感謝したい。ありがとう、シリコンバレー。

17

プロジェクトは人間力

雑誌リニューアルプロジェクト

小松　倫子
編集者

本来であれば自分がリーダーやプロジェクト・マネジャーとして携わったプロジェクトのあれこれを紹介すべきところかもしれない。だが、私は、ごく最近自分がメンバーの1人として携わった、雑誌のリニューアルプロジェクトを紹介したい。

そもそも、編集者はどんな仕事をしているのか？

「編集の仕事をしている」と言うと、たいがい返ってくるのが「で、編集者って何をしているの？」という問いだ。テレビドラマや漫画などの影響もあり、「先生、先生」と言って作家のご自宅にお邪魔し、原稿（手書きのもの）をいただくというイメージをもっている方が多いようだが、現代では原稿はメールに添付して送信、というのが主流である。どのようなジャンルの編集に携わっているかにもよるが、月刊誌、いわゆる「小説誌」に限っていえば、編集の仕事は大まかに次のような内容と流れになる。

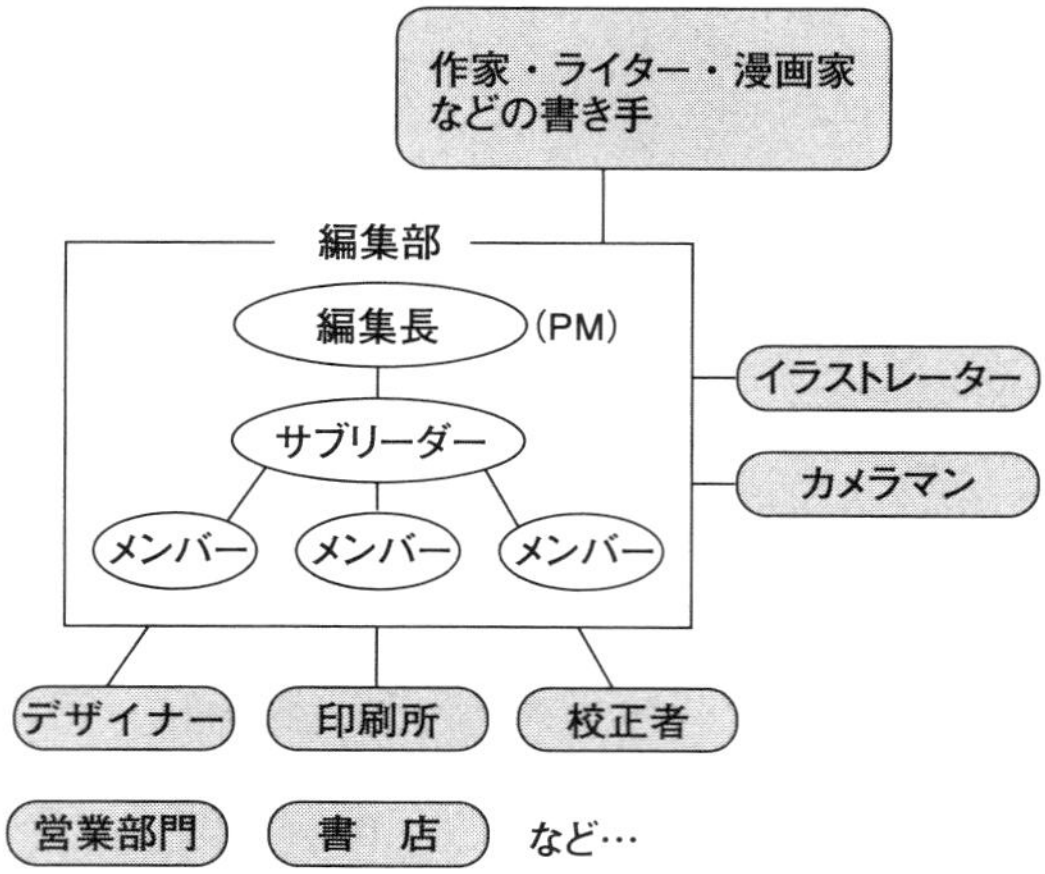

①著者に原稿執筆を依頼し、そのスケジュール（締切日）を確定させる。
②個々の著者のスケジュールをもとに各号のラインナップを決める。
③各号の雑誌を完成させるまでのスケジュールを確定し、それに則って各編集者が個々の著者や他のステークホルダー（デザイナーやイラストレーター、外部のライター、校正者など）とともに「プログラム」を完成させ、最後に雑誌1号分のプロジェクトとしてまとめて完了させる。

芸術性の高いものをつくる過程を「マネジメント」することは可能か？

これは、私自身が常々抱いていた疑問である。私が今回リニューアルに携わったのは「文芸誌」「小説誌」と呼ばれる、小説を中心とした月刊の雑誌だ。それぞれの小説作品やコラムなどの記事を執筆するのは「作家」などと呼ばれる著者。その作品を生み出すお手伝いをするのが編集者の仕事である。

執筆に必要な資料を集めたり、必要に応じて取材をセッティングしたり……これらも編集者が行うことが多い。ただ、ものを生み出す、つまり「書く」のは著者であり、その部分に関して編集者は間接的にしか関与することができない。なので、執筆の邪魔にならないよう配慮しながら進捗状況をうかがい、締切日を確認し、あとは原稿が完成する「その時」を待つこととなる。

いくら締め切りがあるとはいえ、スケジュール通りに作品ができあがるとは限らない。納得のいくものを提出したいという著者の思いもあり、執筆途中のものを見せてもらえることはほとんどない。執筆の「現状」は、電話やメールでの「著者申告」をどう解釈するかがカギになる。正直に状況を教えてくれる人、3割増しの報告をする人、まだ全然書きあがっていないのに「夕方までには送ります」と言って、その後数日間、音沙汰がない人……。そのため、編集部では個々の「プログラム」に応じたスケジュール（どこまで後ろにずらせるか、そうするとどこに影響が及ぶのかといった全体を見渡したうえでの）調整が求められる。最近の話だと、最後の最後に原稿が「落ちて」しまった（間に合わなかった）ため、表紙に掲載していた著者の名前を急遽削除しなければならないという事態が起きた。表紙の印刷を途中で止め、デザイナーにお願いしてその著者の名前を削除したデザインを再度作ってもらう、といったことが、プロジェクト終了間際になって起きたのである。

数多くの連載を抱えている方々は、さすがに自身のスケジュール管理をしているようである。たとえば、月の初めにはこの作品を書いて、中旬までにはこれとこれ、月末にはこれが控えているから……といった具合に、ひと月のスケジュールを立て、それに沿って切り替えながら執筆しているのである。ただ、忙しくなるにつれ自分で把握できないほどの仕事量になり、（取材に応じるなどといったこまごまとした仕事に追われるうちに）締切日が近づいているのを忘れてしまう、といったことも起こり得る。そのため、編集者がスケジュールをゆるやかに管理、つまり「マネジメント」することになる。このくらいの日までに原稿が書きあがっていれば、「質」を高めるための見直し・手直しの時間を確保できるな、といったことを見通したり、この流れでいければデザインの修正が入ったとしても、「コスト」がオーバーすることなく、予算の範囲内に収めることができるな、などといった具合に、編集者が全体を見ていくことになる。

月刊誌のようにプロジェクトの「終了」が毎月くるということは、毎月待ったなしの状況になる、ということでもある。発売日に必ず店頭に並んでいるというのは、読者（や雑誌を店頭に置いてくれる書店）との約束ごと。それを破ることは許されない。プロジェクトの最大の制約は「時間」なのである。不測の事態が起きた時、「こうすれば間に合う」といった答えができるよう、常に半歩から一歩先回りして段取っておくことが重要だというのが日々の実感である。同時に、小さな「不測の事態」を繰り返すうち、「なんとかなる」「なんとかするしかないんだ」という覚悟と開き直りのようなものも生まれてくる。締め切り（発売日）は必ず来るのだから。

自分ではコントロール不可能なものを、どのように間接的かつゆるやかにゴールに導いていくか。私の携わっている雑誌プロジェクトでの「マネジメント」（といえるほどのものではないかもしれないが……）は、このようなものだと考えている。

複数プロジェクトの同時並行は可能か？

今回は、毎月雑誌を出しながら、それと並行して数ヵ月先に控えたリニューアルの準備をすることになった。プロジェクト・マネジャー（編集長）が新しい人に代わり、そのマネジャーの指揮のもと、サブリーダーとメンバー（私を含む編集者3名）でプロジェクトに携わった。総勢6名のプロジェクトである。そこにデザイナーやライター、校正者といった外部の「ステークホルダー」が加わる。

一番大変だったのは、もちろん編集長である。日々の業務に加えて、リニューアル後の雑誌が目指す方向性や読者ターゲットの決定、それに伴う内容の確定やデザイン作業などが発生する。私を含めたメンバーから「決断」を求められることが何度あったか……。

何かを決めなければ先に進めない。けれど、リニューアル後の〝雑誌像〟が見えなければ、その「何か」すら決められない。やるべきことは見えているのに前に進めない――。

そんな日がしばらく続くと、メンバーには焦りが見え始める。リニューアル号の発売日はすでに決まっていたので、カウントダウンは始まっている。それなのに、一歩も前に進めない状態が続くからである。その先にあるのは……締め切り間際にバタバタと仕事に追われる自分たちの姿。納得のいく誌面を作ることよりも、「間に合わせる」ことが最優先事項になり、満足に睡眠もとれず、ステークホルダーにも迷惑をかけてしまうという事態……。

残業後、あるいは残業中に夜食を食べながら、連日深夜までメンバーやサブリーダーと話をしたのを覚えている。

日常業務で培った「先を読む力」と人間力で、困難な局面を乗り切る

結果をお伝えすると、雑誌は無事にリニューアルすることができた。新体制での制作進行にも少しずつ慣れてきたところである。読者の反応や売れ行きを見て、リニューアルしたものをどう微修正していくかが次の課題である。

印刷してみたら色がきれいに出ないことが直前になって判明したり、デザイナーと印刷所の作業環境が異なることが原因で、うまく文字や絵柄が出力されないなどといった不測の事態は最後の最後まで起きた。それでもいえるのは、編集部内の人間関係は円滑で、口論など大きなもめごとは1度も起こらなかったということ。むしろ

とても雰囲気がよかった。

私自身、これまでもいくつかのプロジェクトに携わってきたが、ここまでさまざまな問題が次から次へと発生したにもかかわらず、スムーズに着地できたというプロジェクトはほとんど記憶にない。

なぜ、「それなりにうまくいった」のか――。

編集長の人間力。まずはそれに尽きる。物事を決断する、というところではなかなか思うように前に進めず、メンバー内にも不満や不安が出たが、一方で、編集長はきちんとメンバーの話を聞いてくれる人物だった。誰よりも忙しいはずなのに、相談をもちかけたときには、必ず耳を傾けてくれる。そして、一方的に感情をぶちまけるということを決してしない。編集長のその姿勢が、編集部の雰囲気づくりに大きな影響を及ぼしていた。

「どうするのが雑誌のために最善か」。その判断基準がメンバーにも自然に浸透していったのだ。

次に、サブリーダーの人間力である。個々のメンバーが抱えている具体的な不安をすべて聞き、どう編集長に決断を促したらよいかを瞬時に判断し、陰で働きかけてくれた。現場と編集長の橋渡しをしてくれたのである。

また、編集長とほぼ同じ目線でプロジェクト全体を見渡すことができるのもサブリーダーである。編集長が見落としている（であろう）ことを先回りしてリストアップしてメンバーに振り分け、編集長が判断しやすいよう資料を準備する。同時に、メンバーは個々に動いた感触を報告したり、さらなる懸案事項を洗い出したりする。そういうことを繰り返しながらプロジェクトを前に進めると同時に、みんなの不安を解消していく。その要となったのがサブリーダーだった。

私を含めたメンバーに不満がなかったのか、といえばもちろんそんなことはない。不安や不満を口にすることもあった。けれど、そのあとに続くのは、「では、どうしたらよいのか」という議論である。ごく自然にそういう流れになっていた。後ろ向きな話をするよりは、「プロジェクトにとっての最善」に向かって話し合うほうが生産的だということで思いが一致していたのだと思う。

不満を口にしたところで何も解決しないし、不愉快な思いをしたくないのはみんな同じ。そういうメンバーの人間力の高さも、今回のプロジェクトではいい作用を及ぼしたのだろう。

編集部一丸となって雑誌をリニューアルすることができた。でも、それで終わりではない。今後は読者の反応に応じて誌面を調整し、そして、なにより売上につなげるための努力をしなければならない。そういう意味では、まだプロジェクトは終わっていないし、ポジティブにとらえれば、売上を伸ばす準備をするためのスタートラインに立つことができたともいえるのである。

〈略歴〉 **小松倫子**（こまつ・ともこ）
専門書、ビジネス書、実用書などの編集を経て、現在は小説誌の編集に携わる。ＰＭＰ。

18

上司との対立を乗り越えて

新サービス開発プロジェクト

鈴木　安而
PMアソシエイツ株式会社
代表取締役

新方針「サービスを無償にする」

「鈴木さん、ちょっと来て!」

小原サービス開発本部長と目線が合ったとたんに部屋に引き込まれた。サービス開発という部署は、日本IBM独自にサービス・ビジネスを推進するという組織戦略に基づき、サービス技術部に設置されていた。

「米国IBM本社から近々大変な発表があるそうだ。これから言うことは当分他言するな」

私が神妙にうなずくと、小原本部長はいつもの関西訛りで語り始めた。その内容をかいつまんで整理すると次のようになる。

①米国でのある裁判の経緯から、ビジネス上、製品と保守を明確に分離する必要が出てきた。これをアンバンドリングというが、製品売買契約と保守契約との、いわゆる抱き合わせができなくなる。

②ハードウエアの保守については裁判の方向が明白で

あり、その通りに結審するものと推測される。

③ソフトウエアについては裁判での扱いが不明だ。だがIBM提供のソフトウエアで、使用ライセンスを有償で提供しているものについては、LPS(ローカル・プログラミング・サポート)という「サポート・サービス」の考え方でサービスを提供している。それはLPS契約による有償サービスの一種であり、これが問題だ。

④IBMとしては大勢を考慮しLPSを廃止する方向という。その意味は「契約を廃止してサービスを無償で提供する」ということで、その分の収益がなくなるだけでなくコストだけが残ることになる。

私がサービス企画部長として着任した翌年、1986年のことである。そこでの私の職責は、通常保守以外の「特別なサービスに関する価格設定」や「新サービスの開発」が主な仕事である。上司はサービス開発本部の小原本部長であった。

無償化の影響大

問題となるLPSの価格設定は、米国本社からのガイドに沿って円ドル交換レートを考慮して設定されたものである。当時は、一般に、ソフトウエアに保守という概念がなかった。

IBM提供のソフトウエアに瑕疵があった場合、PTFと呼ばれるパッチをシステムに適用して解決に当たるのだが、それは恒久処置までの一時的な修正処置である。ソフトウエアのバグ(欠陥)は製造時から存在するものであり、ハードウエアのように摩耗し故障するものではないので、この作業は保守というよりも開発の延長という位置付けがなされていた。顧客がLPSを契約し対価を支払うにしても、保守料金という扱いではなくソフトウエアの使用料の一部ととらえていた。したがって、日本ではLPSに関する不満は表面化していなかった。

それを無償にするというのである。当時の日本IBMではその収益がかなりの金額になるので、なんらかの手を打たないと、ビジネス上大きな影響となることが推測された。

プロジェクト方針

この後、小原本部長と私は企画案作成に数日を費やした。プロジェクト憲章に位置づけられるその骨子は、次の6項目である。

①ＩＢＭ本社の決定には従わざるを得ないので日本でもＬＰＳ廃止を決定するが、発表時期はビジネス環境を考慮して日本独自に判断する。
②収益確保のための代替案として、日本独自のサービスを同時に発表する。
③新しいサービスは、顧客満足を得られるメニューであることが重要である。
④現在の技術員のスキルで提供可能なサービス内容であること。
⑤一時的な収益減となっても長期的には現状を回復できるプログラムであること。
⑥プロジェクトはサービス技術部主体で推進するが、営業部門の支持を得られること。

プロジェクト組織体制

小原本部長は企画案を携え、彼の上司である米国人のデーブ・マイカ氏の承認を取りつけ、私をプロジェクト・マネジャーに任命した。私はサービス企画部長としての本来の役割もあるので兼任とし、スタッフを含めマトリックス型のプロジェクト体制を敷くことにした。といっても予算等の権限は上司にあり、弱いマトリックス型といえる。

まず、他の機能部門マネジャーにプロジェクトの重要性を説いて企画力のある人員を提供してもらうことにし、私の補佐役として、その時は現場で課長をしていた福地さんに着任してもらった。彼は私の旧知の部下でもあり気心が知れているが、私の大雑把な性格に反して細部まで心配りができることを期待してのことである。作成した役割表から必要なコンピテンシーを定め、それに見合う要員を集め総勢8名の体制ができあがった。

プロジェクト・キックオフ

「このプロジェクトは単に新しいサービスを開発するという意味だけではなく、今後のＩＢＭのサービス・ビジネスの礎になるものだ。内容は米国ＩＢＭでも手掛けていない日本独自のものとするので幾多の困難が予想されるが、会社をあげて困難に立ち向かい成功させなければならない。日本ＩＢＭの力を米国本社に見せてやろうではないか。特にソフトウエア・サービスの有償化は『サービスはタダ』という世間の風潮への挑戦だ。今年をサービス・ビジネス元年としようじゃないか」

私の挨拶である。

全員のベクトルが合ったところで、大日程とマイルストーンの試案を示した。サービスの開発ではサービス・メニュー開発と現場のサービス体制作りが主な作業になる。1年後にはサービス・インとなるスケジュールであり、結構アグレッシブなものである。とはいっても、サービスの開発なので、物を作るのとは違いコストはほとんど人件費であるし、社員だけのプロジェクトなので、楽に進捗するものと楽観的であった。これが大間違いだったのだが…。

プロジェクト計画

ＷＢＳを作成し、要素分解して作業項目を洗い出し、詳細スケジュール作成に入った。大項目として、サービス・メニュー作成、サービス価格設定、サービス体制構築という3つの作業に集約された。

サービス・メニューをお客様に理解していただくためには、まず営業員がそれを理解できなくてはならない。当然、価格もサービスの価値に見合ったものでなくてはならない。ところがソフトウエア・サービスというものが、お客様はおろか営業にもよく理解されない時代である。基本的なコンセプト作りが課題となった。

直属上司の異動と営業部門の反対

ちょうどこの頃人事異動があり、直属上司の小原本部長に代わって新しい本部長を迎えた。新任の松林本部長は、当プロジェクトを引き続き私に任せることにした。私は直接デーブ・マイカ氏から指示を受けて、プロジェクト方針を他部門へ伝える役割も果たさねばならない。マイカ氏の頑固さは部内では有名である。先行きが思いやられるが、目的は同じなので大丈夫だろう…。

プロジェクト・スポンサーであるマイカ氏の方針の骨子は、現在LPSを契約していただいているお客様には半強制的に新サービスを契約していただくことであった。それによって、現状のサービス収入をそっくり確保したいと考えていた。しかし、営業部門からの猛烈な反対に遭い、私は立ち往生してしまった。「わかりにくいし、お客様から見てなんのメリットがあるのかわからない。それだったら米国と同じでいいんじゃないか」ということである。

この状況を松林本部長とマイカ氏に報告すると、マイカ氏は烈火のごとく怒って「役員会で承認をもらう」と言い出した。米国流にエスカレーションを実行し、トップダウンで進めようというのだ。

役員会での否決

実際マイカ氏が役員会で説明したのだが、紛糾し承認は得られなかった。役員会後、事態収拾のために社長室長が関係者を招集し、火を噴くようなディスカッションが展開された。そこでもマイカ氏の頑固さは並みはずれていた。私が発言すると「君は黙っていなさい」とたしなめられ、他部門から「大変な人の下についたね」と同情されるありさまだった。だが、かえって、私はメモをとりながら両者の意見を冷静に聞くことができた。

1時間経っても結論が出ず、私は、社長室長から「今後は両者協力して進めるように」と厳しい指導を受けて六本木本社を後にした。

スポンサーと対立、クビ？

この議論の中で、私は営業部門の考え方の方が正しいと思うようになった。お客様が理解しやすく喜んで契約していただけるようにするためには、サービス・メニューの選択肢を広げ、短期的には収入は下がるが、長期的には増収可能なビジネスとして育てる方が良いと考えるようになった。

しかし松林本部長は私の考え方に対し難色を示した。マイカ氏の理解を得られないと判断したのだ。たしかにマイカ氏は妥協という文字を知らない人である。彼を説得するには上からの業務命令しか考えられなかったが、この時点でマイカ氏の上司である田代常務にエスカレーションすることは私の選択肢になかった。なんとか事態を好転させる方法がないものか思いめぐらせた結果、まずは正面突破で行こうと決心した。

翌日、私はマイカ氏に会って率直な気持ちを伝えた。果たして彼は私にこういった。

「鈴木さん、これからあなたがとるべき道は3つある。1つ、私の言うとおりに進める。2つ、田代常務にエスカレーション（上申）する。3つ、会社を辞める。どれかを選びなさい」

このセリフは実際には英語なのだが、今でも私の記憶のど真ん中に強烈に残っている。

ステークホルダー対応戦略

マイカ氏の部屋を暗い気持ちで下がったあと、同じ部門の仲間に相談した。全員「うーん」と唸ったきり声が出ない。どうすればいいのか？

マイカ氏の方針を貫くためには、営業部門を説得しなければならない。とりあえず営業部門の代表者である中根さんのところへ行って議論を進めた。彼とは旧知の仲ではあるが、この件では対立関係にある。ところが2人とも根本は似たような考え方であり、話はとんとん拍子に進み基本方針で合意してしまった。

こうなるとマイカ氏を説得しなければならないが、不可能であることは火を見るより明らかである。今は大阪に転勤している前上司の小原さんにも相談した。彼はさりげなくこういった。

「マイカさんを説得するのが困難だとすると、彼がいう3つ以外の道を探そうか」

私は人事部長のところへ飛んで行った。別に辞表を書くつもりではない。

「部長！ マイカさんが日本での勤務を終えて、米国に帰るのはいつですか？」

「4カ月後だよ」

だから彼は実績を上げるべく焦っていたのだろう。部下としては彼の実績作りに貢献すべきだろうが、彼のやり方では頓挫するのが明白である。

よし、時間稼ぎだ、と心に決めた。対立の鎮静と回避である。プロジェクト・メンバーに何と言おうか。まず状況を正直に話さねばならない。全員を集めて経緯と私のアイデアを説明した。

「……ということなので、未完了の作業だけを進めて新しい作業の開始は改めて指示があるまで待ってほしい。私は営業部門の支持を得るために交渉してくる」

上司に逆らう

私はマイカ氏の方針に逆らって、自分の腹案をもって中根さんと話し合った。内容には自信があったが「このことはまだ上司にも報告していないので時期が来るまで口外しないように」と中根さんに口止めした。松林本部長には「中根さんとは協議中」という報告をして詳細を詰める作業を行っていた。表面上プロジェクトの進捗は芳しくない。松林本部長は私の進め方に疑問をもったらしく、たまたま中根さんと別件で電話したときにプロジェクトの話をしたということで、結局ばれてしまった。

「鈴木さん、一体どうなってるんだ！」

受話器を置いて真っ赤な顔をした松林本部長の顔が今でも目に浮かぶ。もうすべて正直に話すときがきたようだ。クビも覚悟した。

「たしかに営業とは話がついております。今までとは違う考え方で進めていました。マイカさんにどうしても理解していただけなかったので、申し訳ないとは思いながら松林さんには報告できませんでした。でも正直いって、こうでもしないと進まないのです。このやり方で進めるわけにはいきませんか」

勝手なやり方には違いないし、サラリーマンとして上司に逆らっているのだから、どういう風に評価されても仕方ないのだが、開き直ってしまった。

スポンサー交代

その後はマイカ氏も松林本部長も私に何も言わなくなってしまった。大きな進捗がないままマイカ氏は帰国した。彼の後任はまだ決まらないということなので、松林本部長がスポンサーとなって、いよいよ再始動である。その時にはすでに松林本部長も私の案を理解してくれて、田代常務も後押しをしてくれた。再度メンバーに召集をかけ方針転換を説明し理解を得た。これで正しいと信じた道を進むことができる。１９８８年早春のことである。

サービス・メニュー開発と価格設定

メンバーには私案を示し理解を受け、短期でサービス・メニューができあがった。まずLPSに相当する部分をSPS（標準プログラム・サポート）と定義し、スコープを明確にして、無償とした。さらに付加価値サービス部分をEPS（拡張プログラム・サービス）と定義して、有償とした。「サポートは無償、サービスは有償」という概念の始まりである。有償部分は幅広く顧客を獲得するために低価格の基本料金を設定し、その上に高価格帯のオプションを乗せていくやり方である。

ところが、困難を極めたのはサービス価格の設定である。安く設定するといっても赤字にはできない。LPSの契約状況とコストの現状を研究し、そのうえでシミュレーションを繰り返し、お客様にもIBMにも納得のいく価格体系とする必要がある。特に、お客様に説明するにあたっては、LPS契約からの切り替えによる「お得感」を出せるようにすることが営業部門から要求されていた。

そのためには、お客様ごとの契約状況と実際のサービス・コストを対比させる必要があった。これはデータベースがあるとはいえ大変な作業である。すべての顧客データを作成するのは時間がかかりすぎる。平均値を出しても意味がない。まずLPS契約高の大きい顧客から始めて100件分を作成し、さまざまな見地からシミュレーションを繰り返し、想定顧客への説明資料も作成した。

役員の説得

これでやっと営業部門の承諾を取り付けて取締役会での承認獲得へ出向いた。

そこでの結論は「大筋は結構だが、本日欠席の役員がいるので個別に役員へ説明し、全員から承認を得ること」だった。またまた厄介な仕事がまわってきた。個性的な役員連中に個別に説明するのかと思うと気が滅入ったが、できる限り彼らに関する情報を収集して作戦を練った。1人ひとりとの議論をシミュレーションし、説明の組み立てを変えていくことにした。準備ができたところで役員室まわりである。

ほとんどの議論が次のように集約される。

「お客様にとって良いことは何か、IBMにとって良いことは何か、将来性はどうか」

すべての役員から承認を得るまでに3週間を費やしてしまった。

お客様からの苦情

サービス体制を整え、社内外用の発表資料を取り揃え、プレスリリースを行った時にはすでに猛暑も終わろうとしていた。私自身全国の営業所や技術所を飛びまわり、社内向け宣伝活動を繰り広げた。

ある日、1人の営業員に声をかけられ「お客様の部長が怒っているから一緒に行ってくれ」と言われる。

ご挨拶に伺ったところ延々と1時間説教された。最後には「制度は気に入らないが、現場の技術員がいい仕事をしてくれているから契約してやる」といって、契約書を差し出された時には胸が詰まってしまった。

「うちにはソフトウエア・サービスのための会計コードがない！」といわれたこともあった。

気がつかなかった！　反省点の1つである。

プロジェクトの評価

計画の売上目標を大幅に上回ったので「社長賞」が出るという。これは辞退してすべてサービスの現場にまわしてもらった。一番苦労しているのは彼らだからである。

また、新聞に面白い記事が載った。同業のF社トップのコメントである。

「IBMさんよくやってくれた。これでわれわれもサービスの有償化がやりやすくなった」

ライバル社からのコメントではあるが「業界の発展にも寄与できたんだなあ」と喜んだものである。

マイカ氏から称賛のコメントが届いたのもこの頃である。米国IBMからも話を聞きたいといって、サービス技術部門のトップが飛んできた。彼から高い評価を得て、私は各国IBMの求めに応じてセミナーを開いた。南米各国が集まったブエノスアイレスでの1週間が楽しい思い出となった。

以後、IBMはサービス・ビジネスへと大きく舵をとることになる。

コンサル・設計　導入・構築　運用・保守

SPL10 MA&TS

総合システム・サポート・サービス(ISSS/ES)

System-z 系ソフトウェア製品の保守サービスを提供します

導入から障害時のサポートまでお客様システムの安定稼働をサポートします
このサービスは、ミッションクリティカルな System-z 製品をご使用のお客様の業務安定稼働をお手伝いします

ISSS/ESは、基本ソフトウェアの保守情報管理（基本サービスにて提供）をBaseとし、お客様ご使用のISSS/ESサポート対象製品に対する導入、メンテナンス、および障害発生時の迅速な解決のためのサービスを提供します。

保守情報管理 → 予防保守パッケージの提供 → 障害対応 → 予防適用 → 導入

ISSS/ES基本	ISSS/ES修正	ISSS/ES予防	ISSS/ESオプションB
・保守情報の管理 ・予防保守計画の立案と予防保守パッケージの作成	・修正パッケージ適用 ・問題追加資料収集と技術支援	・定期予防保守パッケージの適用	・定期予防保守パッケージの適用 ・製品の導入（Server Pac）

ご提供するサービス	・System-z 系ソフトウェア製品の保守サービスを提供します。	コンタクト先
IBM をお勧めする理由	・ISSS/ES は発表以来 15 年もの間、System-z 系のお客様の支援を行い、その実績の確かさにより信頼されています。 ・導入から障害時のサポートまで、専門の技術者がお客様のシステムの安定稼働をサポートします。 ・24 時間 365 日、業務安定稼働のためのご支援をします。	IBM営業担当者へお問合せ下さい。
ご参考価格	・System-z の月額料金方式ライセンスと、S&S を購入されているツール製品が対象。月額￥253,000～	

教訓——上司との対立への対応

プロジェクトの真の目的を理解し信念をもって対峙すること。組織の人間の特性としては上司にはなかなか逆らえないが、理解してくれる関係者は必ず存在する。その人たちと協力体制を構築して自分の信じる道を歩み、議論を恐れないこと。

図は、当サービスが発展したものとして、現在、日本IBMが顧客に提供しているサービス・カタログの1つである。

〈略歴〉　鈴木安而（すずき・やすじ）
1970年、東京電機大学電子工学部卒業。日本IBM㈱入社。技術企画部長、技術研修部長を歴任。1995年アドビシステムズ株式会社入社、アジアパシフィック・ジャパン・サービス・サポート担当ディレクターとしてプロジェクトを推進。2006年、PMアソシエイツ株式会社設立、プロジェクトマネジメントおよびリーダーシップに関する社員研修とコンサルテーションを中心に活躍。現在、PMアソシエイツ㈱代表取締役。PMI、IIBA、TOC-ICO会員。PMP。
共著書『PMPパーフェクトマスター』（評言社）。

「ディスカッションしようや」

鈴木 安而

教訓とは別に、このプロジェクトを進めたときに興味深かったのは、役員の面々との議論である。十数人の役員との個別会議は各々30分の予定だったが、30分間費やした役員はただ1人だった。

さまざまな意見交換を期待したのだが、ほとんどさっさとサインをしてくれた。理由は2つである。「役員会で聞いているから」あるいは「田代さんが進めているんだったら大丈夫だ」。

時間がかからないのは幸いだったが、初めて日本IBMの技術部が米国とは全く別のサービス体系を構築しようというのに、本当にわかっているのか不安になってしまった。ところが、ある役員のところへ説明に伺ったときは全く違っていた。

「お忙しいと思いますので簡単に説明いたします」

「せっかく時間をとったのだから詳細を話せ。ディスカッションしようや」

ということで議論が始まり、プロジェクト・マネジャーとしてというよりも、私の経営感覚を試されるような内容であったが、私にとっては最も勉強させられた非常に中味の濃い30分であった。その方の名は決して忘れることはないだろう。その後、プライス・ウオター・ハウスをはじめ、いくつかの会社で社長を務めることになる、倉重英樹さんである。

本稿に登場した田代常務と小原本部長はすでに鬼籍に入られており、ご両名に本稿を捧げてご冥福をお祈りいたします。また、文脈の都合上お名前を出さなかった方々の中で、元上司である松田本部長は、現場で指揮をとり、売上目標達成の最大功労者でした。この場を借りて感謝申し上げます。

19

プロジェクトの贈り物

MPU量産立ち上げプロジェクト

中嶋　秀隆
プラネット株式会社
代表取締役

〝インテル・インサイド〟は日本生まれ

米国の半導体大手メーカー、インテルの日本法人の経営会議でのことだ。会議のおわりに、議長をしていた社長が「みんな、どうだろう。このアイデアは？」と訊いた。カナダ国籍で、マーケティングの専門家である社長は、〝intel in it〟という自作のロゴをスクリーンに映し出し、「これをパソコン（PC）に貼ってもらいたい」という。私も含め、そこにいた全員が「ノー」と答えた。

反対の根拠はこうである。車のユーザーは購買時にエンジンのメーカーのことなどほとんど考えない。最終製品のメーカーである自動車会社のブランドだけを考える。トヨタ車にヤマハ製のエンジンが搭載されていたとしても、トヨタ車と認識するだけだ。PCとPCの心臓部であるMPU（マイクロプロセッサー、超小型演算処理装置）も同じ関係だ。よって、そのアイデアは無意味だ、というものであった。

だが、社長は引き下がらずに熱弁した。当時の日本で知名度が低かったインテルの社名を一般に広く知ってもらえば、社員の士気高揚につながる。社員の家族も喜ぶだろう。採用活動にもプラスの効果があるはずだ。例えば、テレビで「サザエさん」を提供する東芝のように。

当時、日本でインテルの知名度は低く、新卒者の採用には苦戦していた。私も採用活動で全国の大学を訪ね、有望な候補学生を送ってくれるようにお願いした。だが、地団太を踏む思いをしたケースも少なくない。これはという学生に内定を出すと、ほどなく何人かの学生が辞退するといってくる。理由は「カタカナの社名で、聞いたことのない会社はやめなさい」とお母さんからアドバイスされたからとのことだ。ママゴン、畏るべし！である。その意味で、社長の言い分には一理ある。

だが、会議の大勢は社長の提案には依然として気が進まずにいた。すると、社長は殺し文句を繰り出した。

「幸い、年度末で予算も少し余っている。それを使ってやりたい」

社長の熱意に押され、われわれはしぶしぶ承諾した。すると、PC大手の東芝が最初に採用を決め、新商品「ダイナブック」に〝intel in it〟のロゴを貼り、広告にも載せてくれた（その1つ1つに、インテルは対価を払っています。念のため）。

ダイナブックは世界最初の携帯用PCとして、今でいうモーバイルのはしりとなり、爆発的に売れた。これを海外で販売する際、もっとすわりのよいロゴにという要請から、〝intel inside〟が生まれ、世界中で急速に広がっ

元祖“intel in it”ロゴ

ご存知「インテル、はいってる？」

た。日本では「インテル、はいってる?」として定着している。

プロジェクトの3つの贈り物

プロジェクトは3つの贈り物をくれる――私の体験からの結論だ。つまり、エキサイティングな時間、成長のビッグチャンス、人脈=情報の発信基地である。

過去のある時期、私が心血を注いで取り組んだ、MPU「ペンティアム」の量産立ち上げプロジェクトの体験をもとに整理してみたい。ちょうど〝intel inside〟のキャンペーンを世界中で展開した時だ。

エキサイティングな時間

1980年代、インテルはDRAM(半導体メモリーの一種)ビジネスで日本の競合メーカーの安値攻勢に遭い、苦戦をしいられた。その結果、土壇場に追いつめられたインテルが行った戦略転換は、近年のビジネス史で高く評価され、語り草になっている。

インテルはDRAM市場から撤退し、MPUに経営資源を集中すると決断した。その戦略転換が功を奏し、おりからのPC市場の急拡大の波に乗って、インテル製MPUは文字通り「造れば売れる」状態であった。

世界各地の工場で拡張と新規建設が急務となり、工場で動かす半導体製造装置の大量調達が必要であり、その調達先の多くが優秀な日本メーカーである。そして、世界各地のインテル工場と日本メーカー各社の橋渡しをするのが私の役割であった。

当時世に出たばかりの、DOSベースのEメールと携帯電話を使い、ベルトにはポケットベルをつけて、世界各地の工場とリアルタイムで連絡をとりあう。

当時、私の暮らしの典型的なサイクルは、まず最初の2週間、名古屋や富山、山梨など日本各地の半導体製造装置メーカーの工場で、工場監査や年間契約の交渉をする。次の2週間、海外出張で米国(シリコンバレーやアリゾナ、ニューメキシコ、オレゴン）やヨーロッパ、アジア、中近東に出かける。三番目の2週間は、日本のオフィス（茨城県つくば市か東京・丸の内）で会議に出席し、事務を処理する――というものであった。

時差ぼけと寝不足をいつも抱えていたが、体力と知力、気力をふりしぼり、思う存分仕事をすることができた。ルーティーンの仕事では味わえない、エキサイティングな時間であった。ある先輩（『ＰＭＢＯＫガイド』の翻訳委員会でご一緒したベテランのプロジェクト・マネジャー）の言葉を借りると、「あのプロジェクトはきつかった。でもあの5年間、俺は最高に輝いていた」ということになる。ベストを尽くすチャンスを与えてくれた、すべての人々に感謝したい。

そんなある日、名古屋での出張を終え、新幹線ホームに着いた時のことだ。入線した「のぞみ」に乗り込み、「やれやれ、これで東京に帰れる。うちでゆっくり休もう」と思いつつ、空いている席に身を沈めて目を閉じた。プロジェクトにつきものの「心地よい疲労感」(comfortable fatigue)を感じながら。すると数分後に車内放送があった。

「ご乗車ありがとうございます。次は京都です」

疲労のピークにあった私は、全く気づかないまま、反対方向の列車に乗ったのである。後日、この失敗談を名古屋の知人に話したところ、名古屋駅の新幹線はホームも別だよとトドメを刺された。

成長のビッグチャンス

ＰＭＢＯＫの9つの知識エリアなどからも明らかなことだが、プロジェクトにはビジネスのすべての要素が含まれる。ＱＣＤ（Quality, Cost, Delivery）のいわゆる「制約3条件」以外にも、チーム内外との交渉やコミュニケーション、リスクへの対処、リーダーとしての振舞いなどは重要な要素だ。見方を変えると、プロジェクトは経営そのものであり、若いうちからこういうチャレンジに立ち向かえるのは、1つの恩寵といってよい。成長のビッグチャンスだ。

日本メーカーとインテルという、新テクノロジーへのチャレンジの姿勢やスピード感に大きな開きがある両者の間に立つ仕事は、毎日が勉強であった。文化や価値観、思考プロセスを異にするビジネスパーソンと一緒に仕事をして、どうやって成果を上げればいいのか。日本メーカーからは「要求がきつすぎる」とそっぽを向かれ、インテルの面々からは「対応が甘すぎる」と文句をいわれる。

インテルMPUの新製品発表は日米欧の3都市で同時に行う。量産の立ち上げ予定は、当然、それに同期している。つまり納期は絶対であり、守らなければお話にならない。だが、あらかじめすべてのことを細大漏らさず計画するのは至難の業であり、計画からのヌケ・モレには、気づいた時点で大急ぎで対処することになる。さらに、あらかじめ計画していたことがその通りに進むとは限らない。QCDに即していえば、据えつけた装置の歩留まりが目論見を下まわる、円・ドルの交換レートが急変する、装置の到着が期日から遅れる、などだ。ちなみに、その時期（1995年4月19日）、円レートは当時の史上最高値（東京市場で79円75銭）を記録した。さらに、天変地異などの不可抗力にも対処することになる。

ある時、アイルランドの工場から東京の私の携帯電話に唐突に連絡が入る。稼動中の装置が止まったが、交換すべき部品がないとのことだ。いつまでに必要かと尋ねると、「昨日までに」といわれることも珍しくない。

こういう状況の中、何か打開策があるはずだと、関連の本を読み、研修に参加し、試行錯誤と失敗を繰り返した。

状況の改善に効果を発揮した施策の1つが、四半期（3カ月）ごとの定期会議の実施である。取引先メーカーとインテルの双方で、参加メンバー（経営陣から現場の責任者まで、5〜6人のキーパーソン）をあらかじめ決めておき、その人たちが必ず出席する前提で、相互に相手側を訪問する。具体的には、第1四半期（2月）にインテルのチームが日本メーカーの本社か関連工場を訪問し、第2四半期（5月）には日本メーカーがインテルの工場（米国ニューメキシコ州アルバカーキ）を訪問する…という具合である。面談での会議を定期的にすることで、そこまでの進捗を直接に確認し合い、課題を早めに明らかにし、先取りして（proactive）取り組める。

また、インテルでは、毎年、半導体技術の将来の道筋（ロードマップ）を示すために、世界中の主要取引先のトップをシリコンバレーに招き、大規模な国際会議を開催していた。参加する日本メーカーの数の多さと重要性を考えて、私が担当した時期から東京で開催している。

取引先とワイン・パーティ
（シリコンバレーの社員宅の庭で）

さらに私は、異文化ビジネスをスムーズに進める目的で、日本メーカー各社およびインテルの主要メンバーとそれぞれに膝詰めの打ち合わせを重ねた。そして、日本メーカー各社にはインテルの期待や要求を噛み砕いて伝えた。そのポイントは、

①メッセージの受領を明確に伝える
（Acknowledgement）
②具体的に約束する（Commitment）
③成果を示す（Results）

の3つに集約される。また、インテルのメンバーには日本のユニークな歴史から説き起こして「日本人とのビジネスで留意すべき事柄」をふれてまわった。

イスラエルのエルサレムには市の中心にインテルの主力工場がある。同市の中でも最も付加価値の高い建物の1つといわれている。

その工場に出張した時、私は工場の社員向けに「日本人とのビジネスで留意すべき事柄」をプレゼンテーションすることになった。「日本人って、なぜいつも黙っているの？」という彼らの素朴な疑問を受けてである。所定の時間が近づいたので会場の場所を尋ねると、階段を

降りたところとのこと。そこで階段を降りると、階段はさらに下に続いている。会場の会議室は地下深い場所にあり、防空壕を兼ねていた。中東が政治的に緊張した時期で、スカッドミサイルがいつ飛んできてもおかしくはない時期であった。

そういう日々の中で辛酸を嘗めつつ気づいたのが、開かれた心（openness）とバランス感覚、そしてユーモアの大切さである。ＱＣＤの利害がもろにぶつかり合うビジネスでは、相手と良い関係を築き、お互いにどれだけ協力し合えるかが鍵となる。それには、新技術の動向のみならず、相手の言うことや立場に進んで耳を傾け、理解する努力が要る。開かれた心だ。そして、勝ちすぎてはいけない。

エルサレム工場の正面に立つ筆者

緊張する場面を和らげてくれたのが、ユーモアと笑いのセンスであった。あるメーカーがプレゼンテーションで、「１９９５年ｘｘ月ｘｘ日」と書くべき納期を、「２９９５年ｘｘ月ｘｘ日」と誤記したスライドを映し出した。進行役の私は緊張する場面だ。すると、出席者のひとりが「いいじゃないですか。たった１０００年の違いだ」と笑いを誘い、事なきを得たことがある。その人のバランス感覚とユーモアに救われた思いであった。

なお、この時期に、プロジェクト・マネジメント手法の浸透が日本は遅れていると気づいたことが、その後、ＰＭのコンサル会社を起こすきっかけとなった。

人脈＝情報の発信基地

ビジネス上のプロジェクトで会う人は、学生仲間とは条件が違う。学生時代には利害関係のない中で友情が育まれるが、プロジェクトではそうはいかない。だからこそ、プロジェクトの現場で親しくなれた人は貴重である。ガチンコのビジネス現場で、ギリギリの状態での振る舞いを目の当たりにしているからだ。

私が親しくなった人には、国内外のインテル社員や取引先の人、所轄官庁の人などさまざまである。時間がたてば、その人たちの立場も上がり、当時とは違う観点でも話ができる。まさに生涯にわたる「情報の発信基地」（城山三郎）である。

音信が途絶えた人を思い出し、会社のホームページにアクセスしたり、ネットで名前を検索したりすると、近況がわかる。同じ会社で経営陣の仲間入りをしている人もいれば、他社に移って大活躍をしている人もいる。

私の会社の新製品開発の際は、エキスパートである、かつての仕事仲間をアリゾナに訪ね、アドバイスをもらった。一昨年、東京での世界経営者会議に、以前の仕事仲間で国際企業のCEOとなっている人が来日し、そこで再会を喜び合った。

究極のリーダーシップのかたち

プロジェクトの途上で、ある朝、隣の席のマネジャー、Aさんが渋い顔で「これから社長に怒られてくるよ」という。彼は前日、つくばから大阪に出張し、午後3時に大阪からプロジェクト・スポンサー（当時のインテル日本法人社長、米国人、在つくば）に電話をかける約束をした。ところが、うっかり忘れてかけなかった。

「いやー、参ったよ。謝るしかない。じゃ、怒られてくるよ」と、彼は社長のオフィスを訪ねた。

5分ほどで戻ってきたAさんは、私の心配をよそに、喜色満面である。そして元気よく断言した。

「いやー、参ったよ。このプロジェクトにはベストを尽くすしかない。あんなすごい扱いをされたら」

Aさんが詫びると、社長は答えたそうだ。

「Aさん、悪いのはこっちだよ。あなたは3時に電話をかけてくれた（私にはわかっている）。でも、こちらが別の電話に出ていて、『お話中』で受けられなかった。だから、悪いのはこっちだよ」

社長の『お話中』がフィクションであることはAさんにはわかっていたし、当の社長も先刻承知である。スポンサーはミスを詫びるメンバーを一言も責めず、自分を悪者にしたててメンバーの立場を守り、やる気を引き出すことに成功している。これは、究極のリーダーシップの例であろう。「ベストを尽くすしかない」というAさんの言葉がそれを証明している。

日本の会社で対極の例を目にしたことがある。キックオフの食事会でスポンサー（日本人、部長）がメンバー全員にアルコールをついでまわり、やる気を高めようとしていた。そこには、身体がアルコールを受けつけない下戸のメンバーがいた。彼は事情を説明して、スポンサーからの酌を丁重に断った。するとスポンサーは「お前、俺の酒が飲めねーのか！」と大声ですごんだのである。その後、スポンサーがメンバーの心をつかむことはなかった。

前述のスポンサーのような振る舞いをするには、ビジネスの修羅場を何度も乗り切った経験（そして失敗）と、相手を思いやる気持ち、そして揺るがない自信が必要なのだろう。そういうリーダーを目指したいものである。

おわりに——1つのチョンボから次のチョンボへ

英国のチャーチル首相は「成功」を「1つの失敗から次の失敗へ、やる気を失うことなく移行すること」と定義した。

チャレンジする人に失敗はつきものである。私のプロジェクトは失敗の連続であるが、じつは、私は私生活でもいつもチョンボをやらかす。先日、夜寝る前に歯を磨いていたら、何か味が違う。よく見ると、スキンケアのペースト（容器の形状がそっくりだ）で歯を磨いていた。私の場合、この手のチョンボは枚挙にいとまがないが、それでも何とか暮らしている。チョンボしても大丈夫という意味で、チャーチルにあやかって定義したい。

「生きることは、1つのチョンボから次のチョンボへ、懲りることなく移行すること」と。

そこで、次世代を担うあなたに強くお願いしたい。

Always Make New Mistakes!

〈略歴〉 **中嶋秀隆**（なかじま・ひでたか）
国際基督教大学大学院修了。京セラ（海外営業）、インテル（国際購買マネジャー、法務部長、人事部長）など、日米の有力企業に約20年間勤務。その後、PM研修を軸に独立。現在、日本およびアジア地域のビジネスパーソンを対象に、プロジェクト・マネジメント技法の研修、コンサルティングを行っている。
プラネット㈱代表取締役社長。PMI会員、PMAJ会員、PM学会員、慶應義塾大学非常勤講師、中京大学大学院客員教授。PMP。
著書『PMプロジェクト・マネジメント』（日本能率協会マネジメントセンター）、『死ぬ前に達成すべき25の目標』（中西全二氏との共著、PHP研究所）など。訳書『世界一わかりやすいプロジェクト・マネジメント』（総合法令出版）、『プロジェクト・マネジメント 危機からの脱出マニュアル』（ダイヤモンド社）など。

私の目標のEACは？

中嶋 秀隆

4年ほど前に、コンサルタント仲間の中西全二氏と共著で『死ぬまでに達成すべき25の目標』（PHP研究所）を出版した。そして、現代人の活動に7つのキーエリアがあり、その枠組みで合計25の目標を設定したらいいと主張した。私自身、25の目標の1つに「わが国の47都道府県すべてと、世界の6大陸50カ国を訪問する」という目標を立てていた。

その進捗をお伝えしよう。

国内47都道府県のすべてを訪問しようと、白地図を手帳にはさみ、訪問した都道府県はチェックで消し込むことにした。

消し込んでいくと、訪問先の頻度に濃淡がある。大都市圏にはよく足を運ぶが、地方はそうもいかない。東北出身なので北のほうは比較的スムーズに消し込めたし、半導体の仕事を長くしていたので、関係の工場や事業所が多い九州と四国も問題はない。四国についていうと、愛媛には半導体メーカーの工場監査で行き、『坊ちゃん』ゆかりの道後温泉のお湯にも浸かった。香川では大学で講演をさせてもらい、徳島では大塚美術館を2度訪れた。高知では念願の四万十川カヌー下りもできた。いずれも仕事の合間を利用してだ。

最後まで残ったのが鳥取と島根である。どちらも仕事上の関連は薄く、なかなか進展がなかった。知人に「鳥取と島根には足が向かない」と話すと、「それは大きな損失だ。出雲大社の大しめ縄を見ていないなんて！」といわれる。そこで、すこし前に、関西での仕事のあとに山陰に足を延ばした。おかげで、城之崎で温泉と地ビールを堪能し、大山《だいせん》の雄姿を眺め、小泉八雲記念館、足立美術館、出雲大社、石見銀山などにも行けた。こうして47都道府県訪問の目標は達成できた。

世界6大陸50カ国の訪問については、まだ途中である。

米国には学生時代からはじめて、会社勤めの時期を経て、独立起業の今に至るまで、数十回足を運んでいる。ミシガン湖近くの小都市に1年ほど滞在し、アリゾナとカリフォルニアには家族で赴任した。

シリコンバレーに毎月出張した時期もある。PMのイベントのついでに、ボルティモアではメジャーリーグ野球の3連戦を観戦した。同じくPMのイベントで、フロリダのディズニーワールドに行った時は、飛行機が大幅に遅れた。深夜、ホテルのガラーンとしたロビーに着くと、登録用紙に記入した弊社の社名を見た受付係に「こんな夜中に一体、どこのプラネットから来たの?」と聞かれた。そんなわけで、北米は1大陸3カ国(含む、カナダとメキシコ)がこれまでの実績だ。

次によく足を運んでいるのがアジアである。マレーシアのペナン島は、工場にたびたび出張し、気に入っている場所だ。シンガポールには、子どもたちの幼少期に家族で遊びに行き、出張時にはマレーシアとの国境を越えた町で、サッカー日本代表の「ジョホールバルの歓喜」のゲームを観戦した。アジアの実績は1大陸10カ国である。

欧州にもときどき行く。ユニークなところといえば、詩人・丸山 薫が「日が照りながら 雨のふる」と謳ったアイルランドや、死海を抱えるイスラエルなどだ。どちらも、半導体工場での仕事のかたわらである。欧州の実績は、その他の主要国を含め、1大陸10カ国。

オセアニアでは、オーストラリアとニュージーランドに行っており、1大陸2カ国。

以上を合計すると、実績は4大陸25カ国である。そして、アフリカと南米にはまだ足を踏み入れていない。

というわけで、6大陸50カ国訪問の目標は大幅な納期遅れである。その完成時期をアーンド・バリュー法のEAC(完成時期見積もり)から算出すると、2150年ごろ、年齢が200歳に到達するころと見込まれる。

※『プロジェクトマネジメント学会誌』より更新して転載

番外編

20

出版プロジェクト

『坂の上の雲』に学ぶ勝てるマネジメント

津曲　公二
株式会社ロゴ
代表取締役社長

ＰＭの技法を用いた出版プロジェクト

２０１０年10月、初めての一般向けマネジメント書を出版した。これは筆者１人ではなく、筆者を含む４人の、まさにプロジェクト活動の結果だった。以下は、当社ＨＰに掲載したエッセーである。

ＰＭ（プロジェクトマネジメント）の技法を用いて著作から出版まで完了した。明治期の国家プロジェクトであった日露戦争を描いた『坂の上の雲』（司馬遼太郎著）をまくらにして、ＰＭを紹介した本である。ＰＭのエッセンスをわかりやすく、楽しく読める工夫をしている。

著者を含む４名のチームで、著作の目的・成功基準・完成イメージ、そのために必要な内容（目次）を確認。概観とその順序立てなどを出版編集部とも共有できた。

プロジェクト開始から印刷まで６カ月。当方の都合で先行出荷のため期間は５カ月に短縮。無理はなし。逆線表（納期から逆算してやるべきイベント日程を強制割り付けする）もなし。悪いストレスもなし。当初から達成可能感があった。同時並行の仕事もこなした。悪しき掛け持ちもしなかった。

出版物という成果物を世に送り出すことができたが、振り返りでは、あのときこうしておけばよかったという反省も、学習もした。個人もPMチームもまた一段と成長した。

本稿では、たんたんと進行し成功裡に完了した「出版プロジェクト」をとりあげ、プロジェクトマネジメントのプロ集団として、当初の計画どおりに進んだ「成功プロジェクト」を紹介する。

「ビジネスの切り口から解説しているものは珍しい」
（『経済界』書評、2011年1月号）

新著の位置づけと執筆方針

司馬遼太郎の代表作である『坂の上の雲』は、歴史小説としてビジネスパーソンのナンバーワン愛読書といわれている。筆者も司馬遼太郎ファンであり、同書は繰り返し読んだ愛読書だった。その内容はプロジェクトマネジメントの観点から、現在にも通用する教訓の宝庫だったから、いつかは本に書いてみたいと思っていた。書きたいことはいっぱいあるから、文章化する材料に不足はなかった。

しかし、どういう読者層に何を訴求するか、出版にあたっては大きな課題となる。そこで、プロジェクトマネジメントの専門性の程度と読者層の幅広さ（大衆性）の2つの軸で新著の位置づけを検討することにした。プロジェクトメンバーで討議の結果、今回の新著は2つの軸、いずれについてもほぼ中庸を狙うことにした。

また、今回を第1弾とするなら、第2弾、第3弾も出

図1　著書の位置づけ

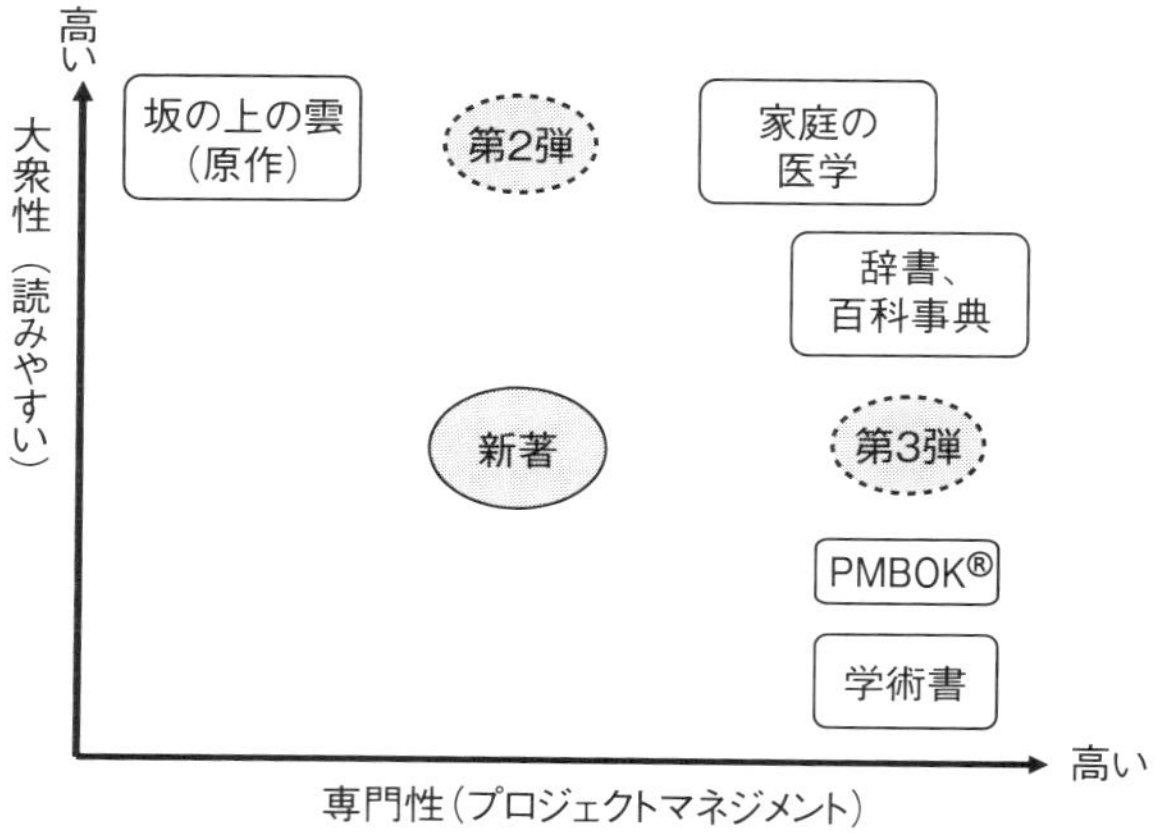

版したいことなども討議の結論として出てきた。もちろん、この時点でこのことは出版社とは話題にしなかったが、第1弾の評判が良ければ、第2弾出版の実現性は高いと想定した。

つまり、読者層はビジネスパーソンほぼ全域、プロジェクトマネジメントの専門性はある程度抑制することにした。

これに伴い、執筆方針は平易な言葉遣いで読みやすくする（ただし、意味は忠実に伝達すること）、プロジェクトマネジメント専門用語は極力使用しないこととした。また、原作『坂の上の雲』はあくまで説明の材料であり、訴求するのは、マネジメントであることを確認した。

これらが明確にメンバー全員で共有できたので、後の執筆活動を円滑に進めることができた。基本的な方向性で迷うことがなかったのは、時間の浪費感がなく、プロジェクト活動のストレスフリーに寄与した。1人で執筆する場合でも、方向性で迷えば時間の浪費感は焦燥感につながりストレスを増やすことになるのではなかろうか。

表１　OSCD でプロジェクト目標を共有する

	目的(O)	成功基準(S)	成果物(D)
成長と育成の観点	・自社商品の理解を深める ・企業イメージのアップ ・ロゴの企業活動を理解してもらう ・ロゴの商品(※)の価値を理解して もらう ※CCPM/6つのモジュール	・派生商品開発数(2件) ・同業他社関心度(問合せ件数など) ・出版社からの執筆依頼数 ・講演会の依頼数(10件) ・書評(メディア掲載数10件) ・新聞書評;全国紙掲載(1件) ・新規顧客引き合い数(5件) ・既存顧客好感度	成果物 ・新著 ・さらに磨かれた商品 ・チームとしての執筆力 ・継続した出版活動 成果 ・ロゴのブランド認知 ・ロゴへの信頼感 ・企業活動の拡大
業務プロセスの観点			
顧客の観点			
財務の観点			

前提となる条件(C)
・原作の3年連続TVドラマ放映は2年目で大きな話題となる ・原作関連の出版は継続して盛り上がる ・マネジメント関連本は当年も新規出版される(前年に2冊出版) ・執筆方針は出版社と合意・共有できる

O:Objective　S:Success Criteria　C:Conditions　D:Deliverable

図２　SNW でプロジェクトの概念を把握する

SNW（Skelton NetWork；構造ネットワーク）

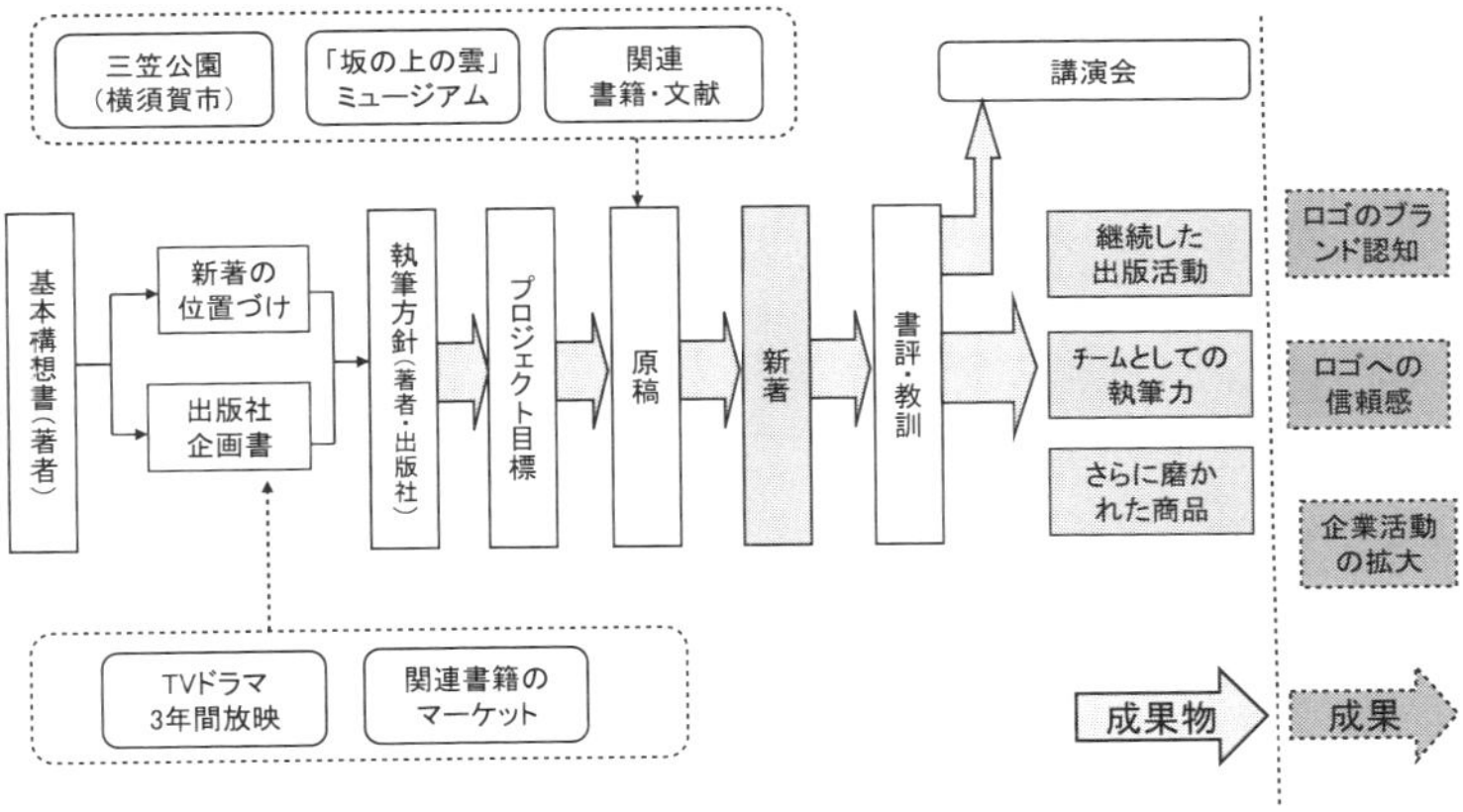

プロジェクト目標とその概観を明らかにする

そもそものプロジェクトは何のためにやるのか、プロジェクトの周辺情報を含めた概観はどうなっているのかを把握することは、プロジェクト成否の死活的な課題である。

プロジェクト実行中に発生する問題の大半の原因はここにある。我々はこのような問題状況に根本的な解決策として、プロジェクト目標と概観を明らかにする具体的な手法を開発して活用している。当プロジェクトでも、計画段階で、この手法によってプロジェクト目標と概観を明らかにした。表で示すように、プロジェクト目標（OSCD）、概観（SNW）となっている。特徴的なところを以下に列挙しておく。

プロジェクト目標（OSCD）

目的（Objective）何のために出版するのか——

①我々の企業活動を広く理解してもらう
②我々の商品（CCPM／6つのモジュール）の価値を理解してもらう
③この機会に我々自身が商品の理解を通じて成長する

これらに対応する成功基準（Success Criteria）、前提となる諸条件（Conditions）、さらには成果物（Deliverable）なども含め、表1に記載した。また、プロジェクトの周辺情報を含むプロジェクトの概観（SNW）は図2に記載した。

プロジェクトの実行

本プロジェクトで特筆すべきことは、執筆や推敲がきわめて順調に進んだことである。この要因として次の3つがあげられる。

①新著の位置づけと執筆方針、プロジェクト目標と概観などが明確だったこと——前述したが、表現がまず

いための文章の書き直しは随所にあったが、方向性を間違えたための書き直しによる時間の浪費はなかった。

②執筆の進行に伴い、プロジェクトメンバーにおいてあらたな才能が開花し、成長したこと——あるメンバーは、原稿の補筆・加筆において素晴らしいパワーを発揮した。今まで隠れていた才能が、存分に発揮された。今回のプロジェクトはそれが開花する絶好の機会となった。また別のメンバーは、今回の経験により、月刊誌に連載記事を執筆することになった。執筆力がより成長した。さらに別なメンバーは、埋没していた過去の資料や先人の知識に気づき、それを発掘し、現代的な意味を見出し我々の見解として本書に記述することができた。

③原稿の評価・検討を、夏季休暇を使い十数回行った。検討するたびに原稿に磨きがかかることを全員が実感した。総じて、新たな知見が見出される楽しい時間になった。緊張感は続いたが、執筆活動が全く苦にならなかった。

メンバー全員が成長するプロジェクトになった。出版に対してチームとしての総合力を発揮できるようになった。組織力がついた。

プロジェクト・マネジャーは仕事師たれ

プロジェクトマネジメントは仕事術

プロジェクトマネジメントの知識体系として、米国発のPMBOKが我が国でもIT業界を中心に普及している。こういう知識体系を「標準」として設定する着想は我々日本人にはなかなか出てこないといつも感心している。

ただ、プロジェクトマネジメントを「仕事の段取りの技術」または「仕事術」ととらえれば、我が国はもともと達人たちの優れた「仕事術」がある。体系化した標準には必ずしもなっていないけれど、我が国のビジネスカルチャーに即した仕事術である。広く流通している知識体系だけでなく、それに加えて我が国流の仕事術を学ぶことが欠かせない。

記念艦「三笠」 日露戦争時の日本海軍の旗艦
（横須賀市　三笠公園）

〈命令戦法と訓令戦法〉

執筆活動で参考にした図書の中に、明治時代以降の軍事用語として「命令戦法」と「訓令戦法」があった。前者は、具体的かつ詳細な命令書に基づいて作戦を実行させるやり方。後者は、目標は指示されるが具体的な方策は実行部隊に任せるやり方のようであった。いずれのやり方が優れているかではない。環境と状況により、どう使い分けるかの問題である。高いポテンシャルをもつメンバーを多くかかえるプロジェクトでは、「訓令戦法」を効果的に使うことがチームのパフォーマンスを上げるカギではないかと思う。

作業から仕事へ

指示されたことをその通りにきちんとできることは仕事の基本となる。我が国のビジネスカルチャーでは、それにとどまらず次の段階が重要である。指示に対して、自分なりの意味や価値を発見し創造しなければ十分ではないことが多い。筆者はこれを「作業から仕事へ」という合言葉にしている。指示されたこと（作業）に意味や価値をプラスして仕事にしよう、というお勧めである。引き受けたプロジェクトに意味や価値を見出していくことが、プロジェクト成功のための基本的な姿勢ではないかと思う。

達人にファインプレーなし

筆者の尊敬する、プロジェクトマネジメント界の大先輩である渡辺貢成氏から「良いプロジェクト・マネジャーのジレンマ」という話を聞いたことがある。プロジェクトをたんたんと完了させていると目立たない（上司の目にとまらない→なかなか高い評価をもらえない）。ならば目立つような、誰が見ても難しいプロジェクトを引き受けて目の醒めるような結果を出そうと思うが（特に難しいプロジェクトなので）失敗の確率は高い。だから、やはり高い評価はもらえそうにない。つまり、良いプロジェクト・マネジャーは、上司になかなか認めてもらえないものだという半ば冗談のようなお話であった。筆者は、良いプロジェクト・マネジャーはさらに精進して「達人にファインプレーなし」（名人に美技なし）の境地を目指してもらいたいと思っている。

プロジェクトメンバーの自信と成長

本をプロジェクト活動で出版できたことは我々にとって画期的なことであった。

今回の活動は、まさにプロジェクトであった。いくつかある章を何人かで分担する共著プロジェクトではない。また、調査などを手分けするチーム作業という意味でのプロジェクトでもない。ましてや納期どおりに出版できればよいとするのでなく、自社ビジネスでの意義、出版業界での動向、次の一手をどう打つのかなど、将来を見据えたプロジェクト計画に基づいて実行できたことに大きな意味があった。

メンバー全員の成長も大きな喜びだった。今回の出版プロジェクトの成功により、本を出版することが日常的な容易さのレベルになった感じがしている。もちろん、知見の乏しい領域で本を書いても、当事者の勉強にはなっても本来の意味はない。我々に何がしかの知見があり、社会的にニーズのあるものなら、直ちにプロジェクトで本が出版できる。そんな自信のようなものがメンバー全員で共有できた。これもうれしいことであった。

我々は、日本のモノづくりを支援するという大きな目的をもっている。今回の著書では、その主題に基づき、プロジェクトの評価や人の評価、人を育てることの重要性を訴えた。発行後の書評や反響などで、そのことの大切さをあらためて学ぶことができた。そして、今回の1冊だけの出版では終わらせずに、続けて第2弾の出版を考えていきたい。出版プロジェクトにおいて「学習する組織」を自ら実現できたことが最も大きな喜びであった。

〈略歴〉　津曲公二（つまがり・こうじ）

1972年日産自動車㈱に入社。鋳造工場エンジニアを振り出しに、利益・原価管理、パワートレーン新商品開発などの領域で多くのプロジェクトに参画。失敗プロジェクトの経験多数。

1998年末同社退職後、2年間教育研修企業に勤務。その後、プラネット㈱副社長を務める。

2003年5月に㈱ロゴを設立、現在に至る。

PMAJ会員、PMI会員、PM学会員、IIBA会員。

近著『坂の上の雲』に学ぶ勝てるマネジメント』（総合法令出版）、『実践ものづくりイノベーション』（共著　日経BP社）、『改訂版　実践！プロジェクトマネジメント』（共著　PHP研究所）

21

「アラ還プログラム」
世界5大陸マラソン完走プロジェクト（アフリカ編）

中　憲治
プラネット株式会社
シニアインストラクター

「アラ還プログラム」スタート

２０１１年1月31日16時30分、成田国際空港、エジプト航空ＭＳ９６４便が滑走路にランディングした瞬間、機内は喜びと安堵のどよめきと大きな拍手に湧いた。その後、ボーディング・ブリッジを通り、待ち受けていた報道陣のライトやフラッシュを浴びる驚きとともに、私の「アラ還プログラム」の一つである「世界5大陸マラソン完走プロジェクト・アフリカ編」の「エジプト・インターナショナル・ルクソールマラソン」は予想しなかったエンディングを迎えた。

「アラ還プログラム」とは、私が還暦を迎えたことを契機にスタートしたマイプロジェクトで、「世界五大陸マラソン完走プロジェクト」「ウルトラマラソン完走プロジェクト」、そして「四国八十八カ所巡礼プロジェクト」の3つで成り立っている。

本書は、『伝説のＰＭが伝える 私のいち押しプロジェクト』と題されている。しかし、この一文は、先輩諸氏のビジネス経験を飾る立派なプロジェクトと異なり、個人史の1ページを埋めるマイプロジェクトの記録である。

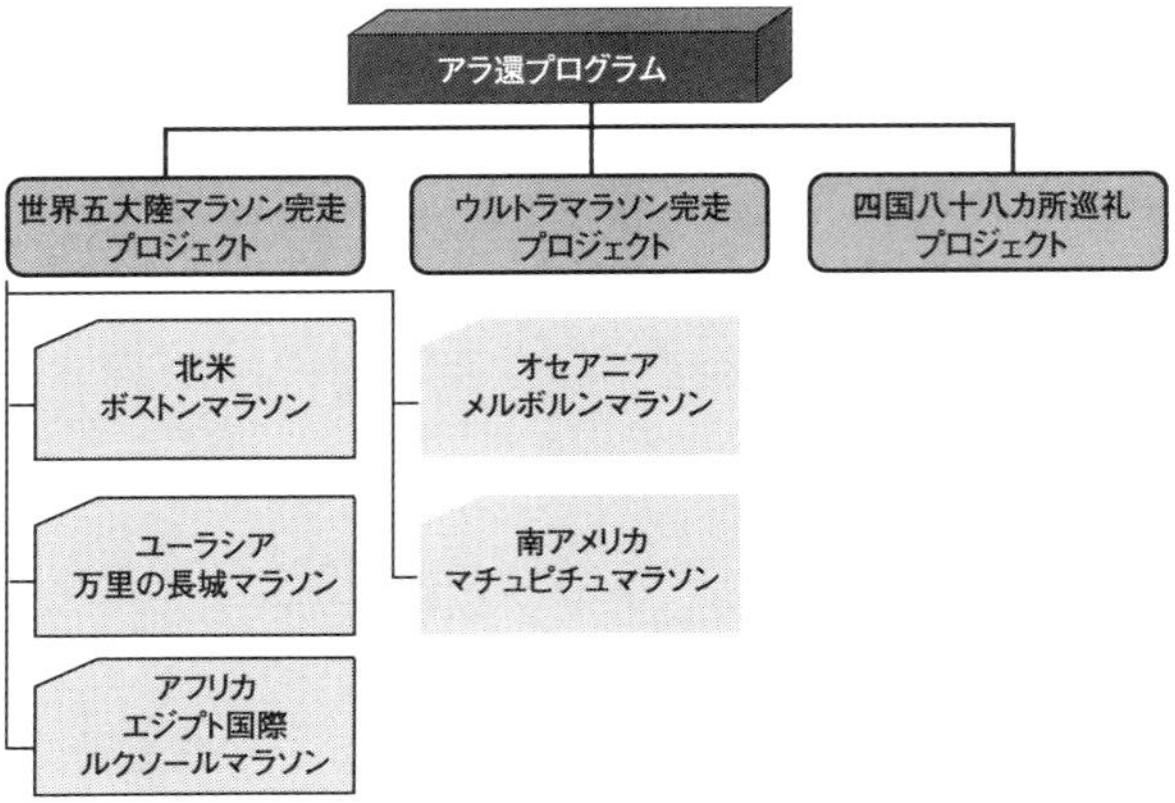

私がプラネットのセミナーでプロジェクトマネジメントの手法を学んだのは、それまでに経験したビジネス上のプロジェクトにおいて数多くの失敗を重ねた末の時期である。それ故に本書に掲載できるビジネス上での「いち押しプロジェクト」は残念ながらない。しかし、このセミナーでは、「プロジェクトマネジメントとは、個人として目標を達成するために有効なスキルである」ことを知った。その後ランディ・パウシュ氏の『最後の授業』（武田ランダムハウスジャパン刊・矢羽野薫＝訳）を読み、これこそ自分の夢を実現する最強の手段であるとの信念に変わった（ランディ・パウシュ氏については、備考参照）。パウシュ氏は「レンガの壁がそこにあるのには、理由がある。（中略）その壁の向こうにある〝何か〟を自分がどれほど真剣に望んでいるか、証明するチャンスを与えているのだ」と述べている。

私は、人生において夢をもつこと、そして、夢で終わらせることなく目標に置き換え、達成することの大切さを心に刻んだ。そして還暦を迎えた時、これからの生き方を、仕事、趣味（マラソンだけ）、社会貢献（現時点では家庭内貢献だが）の3つの要素のバランスをとることにおき、趣味の分野では、それまでの夢を達成すべく「アラ還プログラム」をスタートした。

世界5大陸マラソン完走プロジェクト

私のアラ還プログラムは、3つのプロジェクトから構成されているが、ここではその中の1つ「世界5大陸マラソン完走プロジェクト」についてご紹介する。

世界5大陸とは、ユーラシア大陸、北アメリカ大陸、南アメリカ大陸、アフリカ大陸、そしてオセアニア大陸と定義した。

私の5大陸マラソン完走プロジェクトは、2004年に北アメリカ大陸のボストンマラソンを走り終え、還暦時点で残されたのは4大陸だった。各大陸とも各国で多くのマラソン大会が開催されるが、どの大会を選ぶのかがこのプロジェクトの重要な要素である。

ビジネスのプロジェクトにおいても、目標達成のためにはいくつかの選択肢があり、そのうちのどれを選ぶかが、プロジェクトの成功にとって重要な決定となることがある。私のマイプロジェクトでも、大会の選択を大切な要素としてきた。なぜその大会を走るのか、理由が目標達成にとって重要なモチベーションになるからである。

ボストンマラソンは、世界で一番古い市民マラソンであり、マラソン始めた時からボストンマラソンを走るのが目標だった。世界5大陸マラソンの大会選択においても選択の理由を大事にした。

2010年5月1日、私は中国万里の長城・金山嶺にいた。「世界5大陸マラソン完走プロジェクト」の2つめは、ユーラシア大陸・中国の万里の長城マラソンを選んだ。世界で一番古い市民マラソンの次に選ぶ大会のキーワードは、世界遺産を走るマラソンである。

3つめの大会としてアフリカ大陸を選んだが、その時の重要な要素も、〝世界遺産を走る〟だった。そして、

3500年前のエジプト新王国時代のファラオ達が眠るエジプト・ルクソールのナイル川西岸を走る「エジプト・インターナショナル・ルクソールマラソン」（以下「ルクソールマラソン」）はその選択基準を十分満たし、何よりもファラオと共に走るというロマンを感じさせる大会だった。

マラソンプロジェクトの準備

参加する大会を決定すると、その大会の特性に合わせたトレーニングをスタートさせる。目標タイムに合わせたペースでの30キロメートル走、坂道が多いコースなら坂道トレーニングなどである。

ボストンマラソンのトレーニングは、コース後半にある心臓破りの丘を克服するために、同じように坂道の多い場所を練習コースとして走り込んだ。しかし、万里の長城マラソンでは、大会前日までコースの概要が判明せず、坂道が多いことは想定してトレーニングを積んでいたが、実際のコースは急な階段の上り下りの繰り返し、完走を途中で断念しようかと考えるほどだった。

ルクソールマラソンのコースは、ルクソール・ナイル川西岸のハトシェプスト女王葬祭殿をスタートし、ラムセス三世の葬祭殿、メムノンの巨像などを眺めながら1周10キロメートルコースを4周し、またハトシュプスト女王葬祭殿にゴールする比較的平坦なコースである。

このコースでは特別に練習コースを設定することは必要ないと判断したが、唯一、気温が懸念材料だった。

アフリカとはいえ、この時期のエジプトは冬、まして、ルクソールは内陸の砂漠地帯のため最低気温と最高気温の温度差が大変大きい。調べてみると、この時期の気温はレースのスタート時（朝7時）で10度、4時間で完走するとして、ゴールの11時頃は20度くらいになると想定され、10度の気温上昇がある。レース中の10度の気温差は厳しい。幸いにも、大会のパンフレットには、給水ポイントは2・5キロメートルごとに設けられていると記載されており、この情報が正しければ、頻繁に給水することで対応は可能である。

大会の情報が事前に得られれば、トレーニングもレースの準備も、ある程度リスクを想定しての備えができるが、万里の長城マラソンのようにほとんど情報がなければ、行き当たりばったりのレースとなり、途中で苦しむことになる。プロジェクトでも同じことがいえる。もっとも、事前情報を得ることは可能な限り努力すべきだが、私たちが何かに取り組む時には次のような言葉も考慮すべきなのではないだろうか。「大事なのは完璧な答えではない、限られた中で最大の努力をすることだ」。

ルクソールマラソンのポスター

マラソンプロジェクトの期間は、一般に6カ月である。6カ月ものトレーニング期間（準備期間）を経て、4~5時間のレースでゴールを迎える。段取り八分ではないが、何よりも大事なのは、レースを想定した6カ月のトレーニングである。

目標タイムを設定する。コースに合わせたペース走のトレーニング計画を立てる。トレーニング計画は、月間の走行距離目標、週間走行距離目標、日々の走行距離・ペースの計画を設定する。日々の練習をコツコツとこなし、計画と実績の対比を行い、必要なリカバリー対策を立て実行する。まさに、プロジェクト・マネジメントのプロセスそのものである。レースにおける実行とコントロールのプロセスも重要である。

ボストンマラソンにおいては、坂道トレーニングが功を奏し、心臓破りの丘は快調に克服できた。しかし、調子に乗りすぎて、下りで勢いに任せて走ったところ、残り2キロメートルの時点で完全に失速、これは教訓として残っている。

ルクソールマラソンは、11月下旬に走ったつくばマラソンの2カ月後だったので、この間に走りこみを重ねるトレーニングを考え、12月初めから正月明けまでに300キロメートルの走りこみ計画を立て実行した。

ルクソールマラソン大会

1月25日、成田国際空港発エジプト航空MS965便に搭乗、飛行時間14時間余りで、同日エジプト時間20時30分カイロ国際空港に到着。いよいよ5大陸マラソンアフリカ編の本番スタートを切る。

ここまでトレーニングは順調に進んだ。例年1月2日に妻の実家まで約30キロメートルを走る「走り初め」も、今年は天候に恵まれ3時間弱でカバー。12月初旬からの300キロメートル走り込み目標も達成。1月14日に大会2週間前の30キロメートル走も6分／キロの目標をクリアー。身体も特に故障もなく、この調子では、サブフォー（4時間以内で走ること）も不可能ではないと思えるほど久し振りに充実したトレーニングをこなしてきた。

この時点で、目標タイムを設定。3点見積りで楽観値：4時間、現実値：4時間15分、悲観値：4時間30分。考えればこの時が調子のピークだったようで、体調のピークを早く迎えすぎてしまったことが後になって悔やまれる。

1月27日（木）前夜、カイロからルクソール入り。日の出は6時半頃、戸外の気温8度。午前中は、大会主催者が催す「ブレックファーストラン」に参加、ナイル川東岸のルクソール神殿からカルナック神殿までの約3キロメートルを気持ちよく走り盛り上がる。午後、ナイル川西岸にわたり大会コースの下見。バスでコースをまわるだけだが、コースのアスファルト舗装の状態も良く、コースの周辺は土漠だが（砂漠といった感じではない）、適当に市街地（といっても小さな集落）もあり、地元の人々の応援も期待できそう。1月28日（金）大会当日。この日はイスラム教の集団礼拝日（休日）、5時半にホテルを出、6時過ぎにスタート地点に到着、さっそく気温を測る。気温10度、6時半では14度まで上昇、なんとなく暑くなる予感を感じランニングウエアーを半袖シャツとランニングパンツに決める。

7時マラソンスタート、何事も時間通りに始まらないエジプト時間でなかったことに驚く。大会参加者は世界30カ国から250名（22キロメートルのルクソールラン、12キロメートルのラムセスランを含む）、フルマラソン参加者は約80名、ヨーロッパ各国からの参加者が多いが、エジプト在住の日本人の参加者を含めると、日本が最多参加国である。王家の谷観光用の気球が空に浮かぶ中、朝日を浴びて走りだす。いつでもスタート時は感激であるが、周りの風景が一層それを助長する。

1周目、見るものすべてが新鮮に映る。5キロメート

メムノンの巨像もランナーに応援を送る？

ルポイント通過：26分。時計を見て驚く。早すぎる、どうも距離表示の設置ポイントが間違っているようだ。市街地に入るとレストランの店先で、水タバコを嗜みながら応援する地元民を見つけ、写真を撮りながら愛想を振りまく余裕もある。子供たちが一緒に走りながらまとわりついてくることに驚く。10キロメートルポイント通過57分。この5キロメートルを30分ペースとしては現実値ペース。2週目20キロメートルポイント1時間57分で通過。1キロメートル6分を維持、理想的なペース。3週目、この頃から暑さがこたえはじめ、まわりの風景にも新鮮を感じなくなり、つらさが増してくる。途中でトイレ拝借。観光地だけあって、所々に公衆トイレが設置されているが、トイレ番の子供が待機しており、マネー、マネーとバクシーシ（チップ）を要求される。おカネは当然もってなく、代わりに黒飴を渡すがこれが喜ばれる。

疲れてきたこともあり、レース中の写真撮影で気分転換をはかる。かわいい少女を撮影し、お礼に飴をあげる

王家の谷観光用の熱気球が浮かぶルクソール西岸

と、それを見ていた子供達がチップ、チップとまとわりつく。中にはもっていた棒で突いてくる者もいて、これがあのファラオ達の３５００年後の末裔か、とてもこの素晴らしい文明遺跡を残したエジプト民族の末裔とは思えない、とつぶやきながら乳酸いっぱいの足を前に進める。３週目からぐっとペースが落ち、4周目に入る。

これが最後の1周だ、もうこの道は走れないのだと自分に言い聞かせて悪戦苦闘の末、ゴール地点のハトシェプスト女王葬祭殿に到着。目標の悲観値を超えて、納期は守れなかったが完走だけは達成。さっそくゴール時の温度を測定する。計測地点は直射日光のあたる場所だが（もっとも日蔭など付近にはどこにもない）、なんと45度を示した。湿度は20パーセント、おまけに風がさわやかだったので体感気温はそれ程高くは感じなかったものの、よくぞこの暑さの中で頑張ったと自分を褒める。

ファラオの末裔（ルクソールの子供たち）の声援に励まされる

マラソンプロジェクトで学んだこと

マラソンを趣味とする人は飛躍的に増加している。マラソンブームの最近では、ボストン、ニューヨークシティ、パリ、ロンドンなどの有名なマラソン大会はすぐに定員がいっぱいになる。しかし、さすがにルクソールマラソンは少ないだろうと予想していたが、23名の参加者（万里の長城マラソンは8名）と知り少し驚く。そして、参加した方々の話を聞き、さらに驚愕の事実に直面する。

いずれの方もチャレンジングな目標を設定しそれを実現してきた人たちで、そんな方々と知己を得られたのが、今回のプロジェクトの最大の収穫だった。これからの私の夢の実現の参考にと皆さんにインタビューし、今までのマラソン歴などを伺った。

千田虎峰さん：48歳でフルマラソン歴をスタート、今回のルクソールマラソンでフルマラソン５９８回目、生涯走行距離は約8万キロと謙遜ぎみに申される。ユングフラウ、南アフリカコムラッドなど、私が一度はと憧れはするものの到底無理と考えていた大会はすべて経験済み。南アメリカのご推奨はマチュピチュトレイルランとのこと（これで私の南アメリカ大陸の目標が決まった）。

曽谷公一さん：千田さんと同じ１９３８年生まれ、千田さんと一緒に今大会参加者の最高齢賞で表彰された。48歳でマラソンを始め、今回でフルマラソン１５４回目、生涯走行距離は5万㌔を超える。２０００年のホノルルマラソンをスタートに、毎年2～3の海外マラソンを走り、世界中の名だたるマラソン大会はほとんど経験済み。何よりもウルトラマラソンランナーの憧れであるサロマンブルー（サロマ１００㎞ウルトラマラソンを10回完走した人に与えられる名誉ある賞）、１００㎞ウルトラマラソンは20数回の完走歴の保有者。

河合邦純さん：千田さんと同じ「フル百回楽走会」のメンバー、39歳で掛川マラソンをスタートに、今回がフル５１６回目、今でも年間40回程度のフルマラソンを走るという。1948年生まれで私より1歳上、フルマラソンを始めた年齢もほとんど同じなのに、話を聞くにつけこの差は何だろうと正直悩んでしまう。お奨めはユングフラウ、そしてメドックマラソン（エイドステーションでワインが提供されことで有名）。

女性ランナーもご紹介したい。鈴木幸子さん：私よりひと回り年長の丑年、今大会の女性の最高齢賞を受賞。初マラソンはホノルルマラソンで3時間52分のサブフォーを記録。サブフォーは市民ランナーとして憧れの目標であり、女性で初マラソンでそれを達成されるとは、私は驚きと称賛の念でいっぱいとなる。

メルボルン、プラハ、ニューヨークシティ、ベルリン、ロンドンと、世界各国の名だたるマラソン大会はカバーされ、ご推奨はメドックだという。

メドック……話を聞くにつれ、私もこれは必ずカバーしなければならない大会のように思えてくる。

中澤米子さん：初マラソンは60歳、還暦を迎え毎年何か新しいことを一つ始めるとの誓いを立てマラソンを始められ、フルマラソン歴はホノルル、バンクーバー、ヘルシンキ、プラハ、そして今回のルクソールで5回目。その間モンブラン・シャモニートレイルランも経験、これがご推奨大会とのこと。マラソンのほか、世界五大陸の山の登山あるいはトレッキングを目標とし、マッキンレー、マウンテンクック、キリマンジャロ、エベレスト、モンブランをカバー、残るは南アメリカ大陸のみとか。

このほかにも、エジプト在住のご主人と夫婦で参加された高橋成子さん、富山のフル百回楽走会メンバーの神田久さん、皆さん高い目標をもち1つ1つ実現されているお話を伺い、私も今まで夢で済ませていた事を実現していこうと動機づけられた。

プロジェクトマネジメントのスキルの1つとしてSME（Subject Mater Expert）の活用がある。マラソンの道でもこのような高い目標をもち、実現してきた人たちの経験談を聞くことは、自分の目標達成の計画立案の参考にもなるが、何よりも目標達成への動機づけとなる。今回、私がお話を伺った方々がマラソン界のSME

の方々といえる。

ＳＭＥといえば、今回のツアーを主催したクラブツーリズムのツアーディレクター三苫氏も、ＳＭＥである。今回のツアーでは、ルクソールマラソン大会終了後、想定外の事態に遭遇した。チュニジアの政変に端を発したエジプトのムバラク政権打倒デモによる混乱である。

カイロでは夜間外出禁止令が発令され、国内便、国際便はすべてストップ、インターネットアクセスも政府によりすべて閉鎖される状況となり、私たちのツアーメンバーもルクソールからカイロ国際空港まで到着したものの足止めとなり、空港で一晩過ごした。

この混乱のなか、三苫氏の的確な情報収集と、経験知から来る判断のおかげで、私たちは、混乱後のエジプトからの帰国第一便での乗客となることができた。

想定外な事も体験できたツアーだったが、今回のツアーを通じて、五大陸マラソン完走に加え、マラソンＳＭＥの方々の推奨するマラソンも走りたいとマイプロジェクトの夢はさらに広がった。夢を実現するため具体的目標を設定し、私はマイプロジェクト史の１ページを埋めていくこととする。

※備考
ランディ・パウシュ氏は、47歳で膵臓がんのため亡くなった元カーネギメロン大学教授。バーチャルリアルティの第一人者で、コンピューターサイエンス界の権威と称される。カーネギメロン大学での最後の授業において、人生を楽しむこと、人生において夢を実現することの楽しさ大切さを学生に、そして、まだ幼い自分の子供に伝えるため講義を行った。その内容が『最後の授業』として刊行されている。

〈略歴〉中 憲治（なか・けんじ）
自動車メーカー、通信会社に勤務後独立。プラネット㈱においてプロジェクトマネジメントのインストラクター、コンサルタントに従事。㈲オフィスＮＡＫＡ代表取締役、シンキングマネジメント研究所主任研究員、リクルートマネジメントソリューションズ・トレーナー、中京大学大学院客員教授。
著書に『通勤大学図解ＰＭコース プロジェクトマネジメント実践編』（総合法令出版）、『図解これならできるクリティカルチェーン』（共著、ダイヤモンド社）などがある。

あとがき――われ、かく戦えり！

本書に取り上げられている数々のプロジェクトをみますと、ＩＴ（情報技術）、エンジニアリング・建設、製品開発、業務改革、新サービス、出版、そして純然たる個人のプロジェクトまで、じつに広い範囲に及びます。さらに、実施された場所も日本国内にとどまらず、広く海外におよび、地球をぐるりと一周しています。

どの事例も、プロジェクト現場の実態の報告から、技術問題の解決、コミュニケーションのあり方、ビジネス上の経営判断に至るまで、「幅と奥行き」を感じさせます。また、執筆者がプロジェクトの途上で困難に直面し、その人なりのやり方でがんばりぬいたようすとともに、そのプロジェクトを担当し、やり遂げたことへの感謝と喜び、誇りがうかがわれます。

元商社マンとして多くのプロジェクトを手がけ、国際経営の研究で知られる宮川正裕氏（中京大学教授）は、21名の方のメッセージを集約して、「われ、かく戦えり！」と総括されました。

原稿の作成と校正作業は、時間や紙面などにきつい制約があったにもかかわらず、きわめてスムーズに進みました。さすがは熟達したプロジェクト実務家の振る舞い！と、舌を巻く思いでした。内容によっては、各社のデリケートな情報に関わる記述もあり、どなたもご苦労されたのではないかと思います。

文中の用語やスタイル、体裁等につきましては、執筆者の業界の多様性を考慮し、また原文を尊重する意図で、統一する作業を最小限にとどめています。

プロジェクトについてのアドバイスやヒントは本書の随所に満載されていますが、世の中にはまだまだ沢山の知見があります。その意味で読者の皆さんにお願いしたいことがあります。それは、現在の職場で仕事中のようすや、関係する品々を写真に撮っておいてください、ということです。皆さんが「私のいち押しプロジェクト」を執筆される時に、その写真が貴重な情報画像として役立つことは間違いありません。出版という形でなくても、プロジェクトの経験を社内や後輩へ伝えることは、まさに現場の生きた教訓となるはずです。

最後になりましたが、原稿をお寄せくださった執筆者の方々に改めてお礼を申し上げます。そして各プロジェクトをご支援された関係者の方々に、間接的ですが、この場を借りて敬意を表します。

ＰＭＩ日本支部会長・神庭弘年氏は、丁重な「推薦文」をお寄せくださり、本書の活用法のヒントをお示しくださいました。ここに、深甚なる感謝を申し上げます。

出版にあたりましては、企画段階から、原稿のとりまとめ、配本に至るまで、評言社の安田喜根社長と小松初美氏にひとかたならぬお世話になりました。ありがとうございます。

本書と軌を一にする企画がプロジェクト関係者の間に広がり、出版等を通じて教訓として後世に残され、今後のプロジェクトの効果的・効率的運用に貢献されることを期待しております。

編集委員一同

『伝説のPMが教える 私のいち押しプロジェクト』
編集委員／中嶋秀隆　プラネット(株)代表取締役
　　　　　鈴木安而　PM アソシエイツ(株)代表取締役
　　　　　伊熊昭等　(株)日立インフォメーションアカデミー上席インストラクタ
　　　　　(※略歴は本文中に記載)

■本書の内容に関するお問い合わせは、下記の評言社にお寄せください。

伝説のPMが教える 私のいち押しプロジェクト

2011年6月3日　初版 第1刷発行

編著者／中嶋秀隆・鈴木安而・伊熊昭等
発行者／安田喜根
発行所／株式会社 評言社
　　　　東京都千代田区神田小川町 2-3-13
　　　　M&Cビル3F（〒 101-0052）
　　　　TEL.03-5280-2550（代表）　FAX.03-5280-2560
　　　　http://www.hyogensha.co.jp　info@hyogensha.co.jp
印刷・製本／モリモト印刷株式会社

ISBN978-4-8282-0555-7　C0034